꼬물이 컴놀이 윈도우11

K타자와 함께 컴퓨터야 놀자!

컴퓨터와 타자 탐험대

발 행 일	|	2025년 7월 1일(1판 1쇄)
I S B N	|	979-11-92695-63-1(13000)
정 가	|	14,000원
집 필	|	방컴(쌤과 아이들)
진 행	|	유아솔
본문디자인	|	디자인앨리스
발 행 처	|	㈜아카데미소프트
발 행 인	|	유성천
주 소	|	경기도 파주시 정문로 588번길 24
홈 페 이 지	|	www.aso.co.kr / www.asotup.co.kr

이 책은 저작권법에 따라 보호를 받는 저작물이므로 무단 전재와 무단 복제를 금지하며, 이 책 내용의 전부 또는 일부를 이용하려면 반드시 ㈜아카데미소프트의 서면동의를 받아야 합니다.

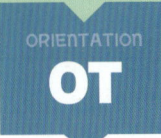

[꼬물이 미리보기] 이렇게 만들었어요.

 쉽고 간단한 꼬물이 시리즈의 [컴놀이윈도우11] 교재는 이렇게 만들었어요.

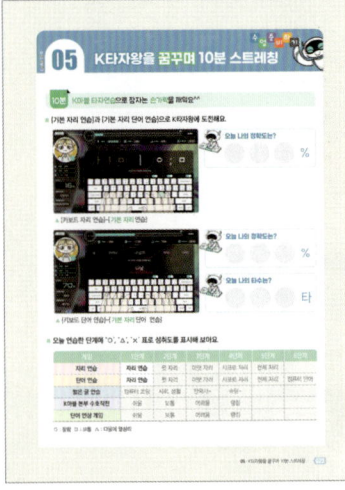

◀ **수업준비하기_K타자왕을 꿈꾸며 10분 스트레칭**

- 수업 시작전 컴퓨터 교실에 오면 **K마블 프로그램으로 타자연습**을 시작합니다. K마블은 다양한 학습 게임으로 구성된 100% **무료 타자** 연습 프로그램입니다.
- K마블 타자 연습으로 'K타자왕'은 물론 '컴퓨터 타자 활용 능력' 자격증에 도전할 수 있어요.

미리보기와 캐릭터를 통한 핵심 키워드 설명 & 본문 따라하기 ▶

오늘 배울 내용과 작품을 미리보면서 어떤 것을 작성할지 확인합니다. 또한 캐릭터들의 대화를 보면서 핵심 키워드를 이해합니다. 선생님 설명과 함께 하나씩 따라하면 쉽게 학습할 수 있어요.

◀ **스스로 뚝딱뚝딱 미션으로 문제해결능력과 K타자왕 도전**

각 차시가 끝나면 앞에서 배운 내용으로 스스로 작품을 만들어 보고 문제해결능력을 향상합니다. 또한 타자 학습 게임으로 미션을 마무리합니다.

▼ **4차시마다 평가_K타자왕을 꿈꾸며 도전해 봐요!**

함축된 종합평가를 4차시마다 제공하여 이전 3차시에서 배운 내용을 스스로 해결함은 물론 내 맘대로 조건을 변경하여 사고력과 독창성을 발휘하도록 하였습니다. 또한 각 문제마다 해결할 수 있는 방법을 힌트 형태로 제공하여 쉽게 학습할 수 있도록 하였습니다.

MEMO 대신 컴퓨터 & 상식 만화 ▶

빈 페이지를 메모 페이지로 구성한 기존 교재와 달리 우리 친구들이 궁금해 하는 컴퓨터와 인공지능 등의 상식을 만화로 구성하여 제공합니다.

CONTENTS 목차

007 | 01 차시
컴퓨터 교실을 지키는 우린 컴벤져스

013 | 02 차시
컴퓨터 절친! 마우스와 키보드!
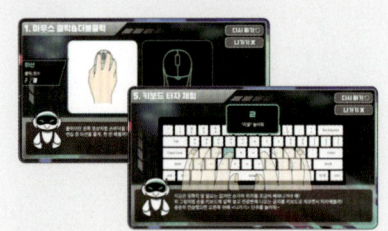

019 | 03 차시
K타자왕으로 가기 위한 타자 대작전
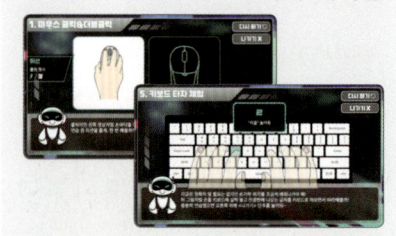

026 | 04 차시
내 맘대로 해결하고 K타자왕을 꿈꾸며

029 | 05 차시
마음에 안드는 바탕화면! 예쁘게 꾸며봐요.

035 | 06 차시
컴퓨터 안의 내 책가방! 파일과 폴더
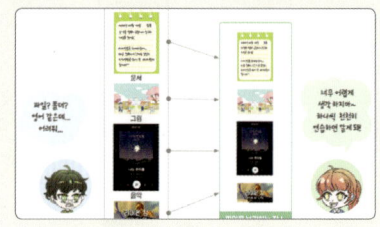

043 | 07 차시
내 가방 바꿔줘요! 파일과 폴더 이사하기

052 | 08 차시
내 맘대로 해결하고 K타자왕을 꿈꾸며
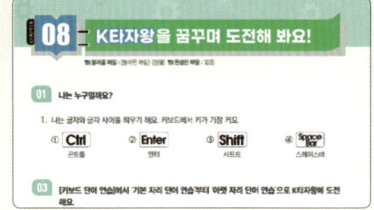

055 | 09 차시
내가 좋아하는 색으로 그림을 완성해요.

061 | 10 차시
공간지각력과 기억력 UP

067 | 11 차시
사진 편집은 그림판으로도 할 수 있어요.

074 | 12 차시
내 맘대로 해결하고 K타자왕을 꿈꾸며

꼬물이 컴놀이윈도우11

077 **13차시**

집에서 학교까지는 얼마나 가야 돼?

083 **14차시**

혼자서 세계여행을 갈 수 있다고?

089 **15차시**

오늘 숙제가 공룡인데 어떻게 해요?

096 **16차시**

내 맘대로 해결하고 K타자왕을 꿈꾸며

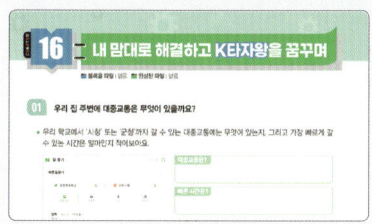

099 **17차시**

문서 대장! '아래한글' 체험하기

107 **18차시**

발표 대장! '파워포인트' 체험하기

115 **19차시**

계산 대장 '엑셀' 체험하기

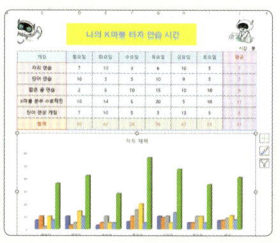

122 **20차시**

내 맘대로 해결하고 K타자왕을 꿈꾸며

125 **21차시**

1회~3회 레벨평가로 'K타자왕'에 도전해요.

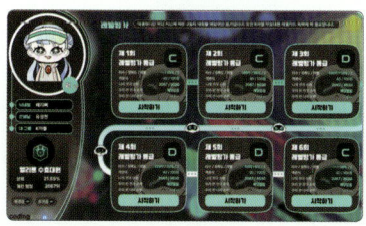

129 **22차시**

4회~6회 레벨평가로 'K타자왕'에 도전해요.

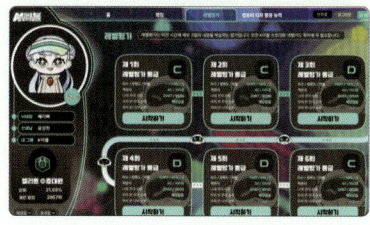

134 **23차시**

모의고사로 'K타자왕'과 '컴타 자격증'에 도전해요.

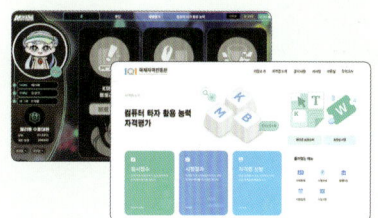

136 **24차시**

종합 평가
(K타자왕 & 컴타 자격증 선택 학습)

>>> 컴퓨터 타자 활용 능력 자격 평가 안내

休 알아두면 좋은 컴퓨터 상식

CHAPTER 01 잠자는 뇌를 깨우는 5분 스트레칭

5분 우리는 컴벤져스! 컴퓨터실은 우리가 지켜요!

■ 아래 행동을 보고 'O'와 '×'로 답해볼까요?

컴퓨터실에서 음료수나 음식을 먹어요. ( )

컴퓨터실에서 친구들과 뛰어다녀요. ( )

컴퓨터를 발로 차거나 손으로 두드려요. ( )

컴퓨터 선을 마음대로 만져요. ( )

수업중에 재밌는 게임을 해요. ( )

수업이 끝나면 정리 정돈을 해요. ( )

■ 선생님 이름과 수업 시간을 기억해요.

우리 선생님 이름은?

우리 반 수업 시간은?

CHAPTER 01 - 컴퓨터 교실을 지키는 우린 컴펜져스

- 컴퓨터실에서 지켜야할 예절을 배워요.
- 컴퓨터를 구성하는 여러 가지 장치들을 배우고 기억해요.

📘 불러올 파일 : 없음   📗 완성된 파일 : 없음

01 컴퓨터실은 우리가 지켜요.

❶ 그림에서 컴퓨터 교실에 있으면 안 되는 것 그리고 잘못된 행동에 'X' 표시를 해 보아요.

02 책상 위에 있는 컴퓨터 장치 이름들을 기억해요!

❶ 컴퓨터는 여러 가지 장치들이 같이 있어야 사용할 수 있어요.

❷ 먼저 컴퓨터의 이름을 알아볼까요. 그림과 글자를 보고 따라 적어 보아요.

03 들고 다니는 컴퓨터도 있어요?

❶ 우리가 사용하는 대부분의 컴퓨터는 책상 위에 놓고 사용한다고 해서 이렇게 불러요. 따라 적어 보아요.

데스크탑 컴퓨터

❷ 책이나 노트처럼 들고 다니면서 컴퓨터를 할 수 있어 이렇게 불러요. 따라 적어 보아요.

노트북 컴퓨터

❸ 데스크탑이나 노트북과는 다르게 화면에 손가락으로 직접 눌러 사용하는 컴퓨터도 있어요. 따라 적어 보아요.

태블릿 컴퓨터

04 컴퓨터를 켜지 말고 마우스 아래 그림처럼 따라 해 보고 이름을 적어 보아요.

딸깍	딸깍딸깍	딸 ─→ 깍	드르륵
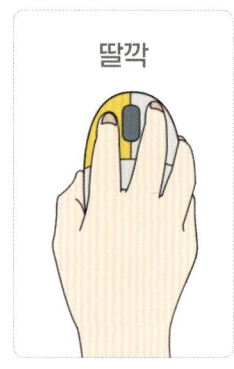	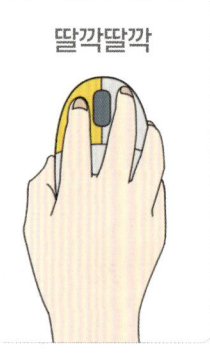	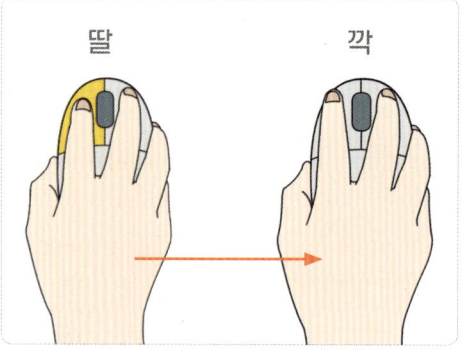	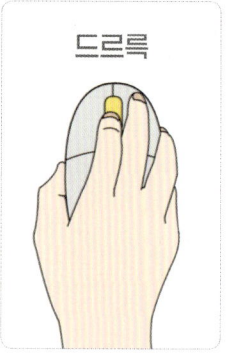
왼쪽 단추 한 번 누름	왼쪽 단추 두 번 빠르게 누름	왼쪽 단추 한 번 누른 상태에서 이동 후 뗌	가운데 단추 위 아래로 움직임
(클릭)	(더블클릭)	(드래그)	(스크롤)

05 이제 진짜 컴퓨터를 켜요?

① 컴퓨터 본체 전원 단추와 모니터 전원 단추를 눌러 컴퓨터를 켜요.

① 본체 전원 단추를 눌러요.   ② 모니터 전원 단추를 눌러요.

T I P

전원 단추와 윈도우?
- 전원 단추가 안 보이면 손을 들어 주세요!
- 모니터는 자동으로 켜져 있을 수 있어요!
- '윈도우'란 컴퓨터를 관리하는 프로그램이에요.
- 컴퓨터를 켜면 제일 먼저 나오는 윈도우의 첫 화면을 '바탕화면'이라고 해요.

06 컴퓨터 켜는 순서를 다시 한번 숫자로 표현해 볼까요.

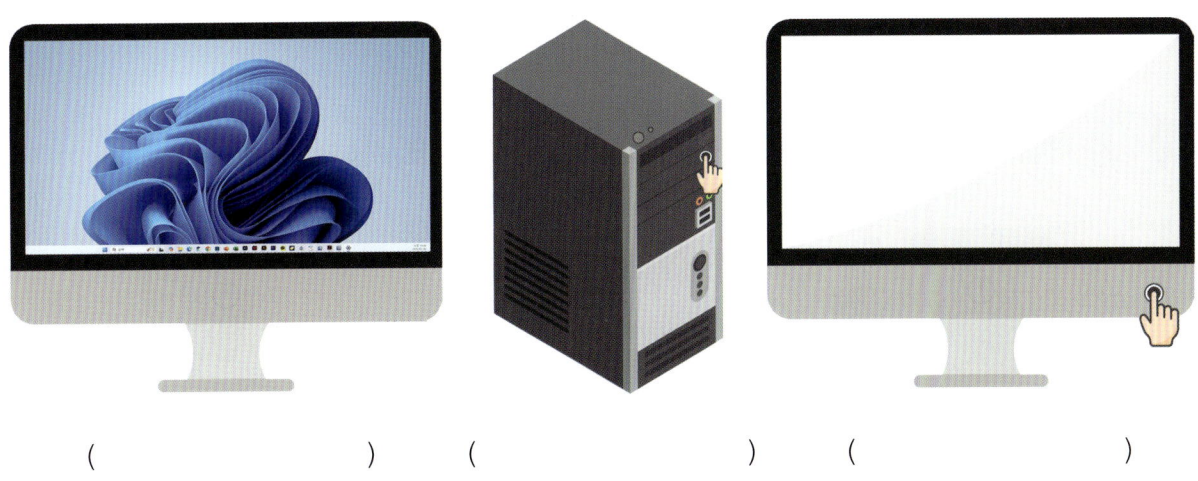

(   )   (   )   (   )

07 그럼 컴퓨터는 어떻게 끌까요?

❶ 아래 그림과 같이 윈도우 바탕화면에서 [시작]-[전원]-[시스템 종료] 단추를 순서대로 클릭해요.

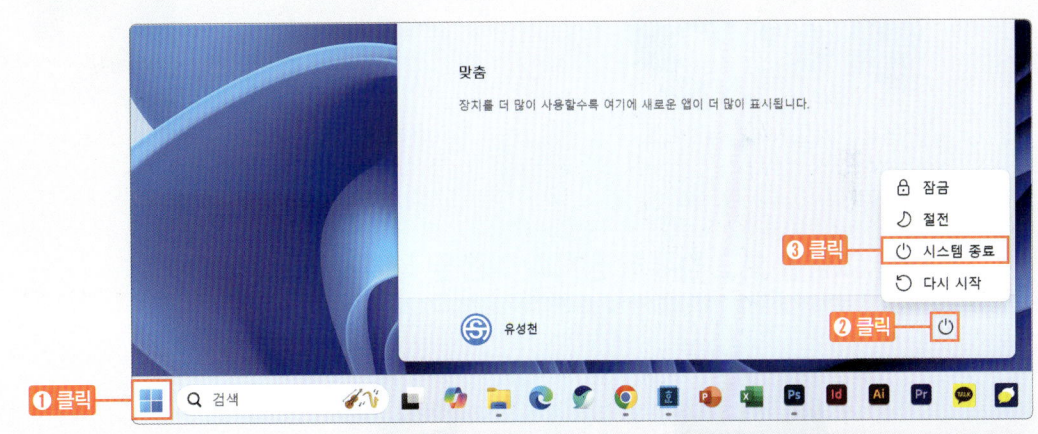

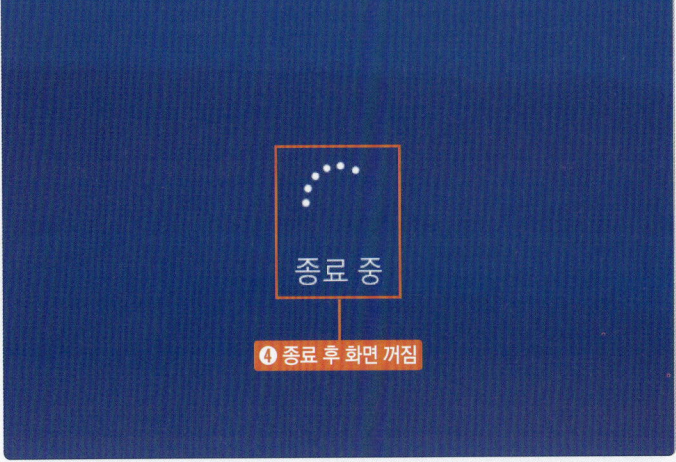

컴퓨터를 켤 때 처럼 그냥 전원 단추를 누르면 절대 안돼요!

CHAPTER 01 스스로 뚝딱뚝딱!

01 컴퓨터실에서 잘한 행동(○)과 잘못된 행동(×)에 표시를 해보세요.

 컴퓨터를 켜고 게임을 시작해요.	 컴퓨터실에서 뛰어다녀요.	 질문이 있으면 손을 들어요.
 컴퓨터실에서 맛있는 과자를 먹어요.	 친구와 장난을 치지 않아요.	 모니터를 돌려 친구에게 자랑해요.
 컴퓨터를 켜고 게임을 시작해요.	 수업이 끝나면 정리 정돈을 해요.	 친구와 자리를 맘대로 바꾸어요.

02 그림을 보고 컴퓨터 장치의 이름을 적어 보아요.

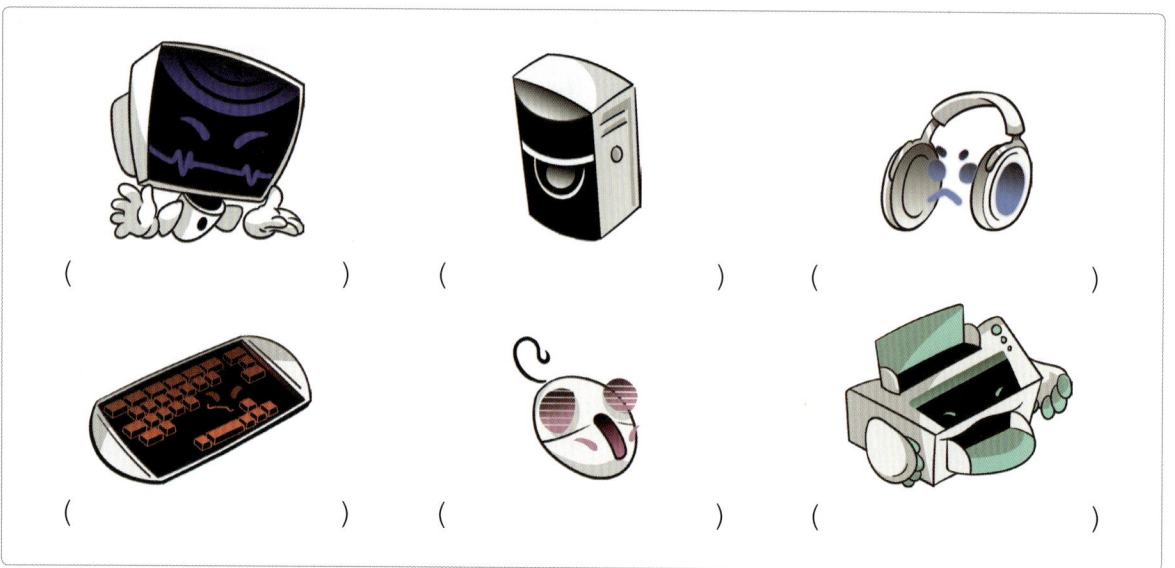

( ) ( ) ( )

( ) ( ) ( )

CHAPTER 02 잠자는 뇌를 깨우는 5분 스트레칭

1분 컴퓨터 친구들! 내 절친으로 만들기!

■ 컴퓨터 중요한 장치 이름은 꼭 기억해요. 스티커에 이름을 따라 적어 볼까요.

■ 실제 키보드와 비교해서 빠진 키(글쇠)를 찾아 적어 보아요? (한글만 적어요!)

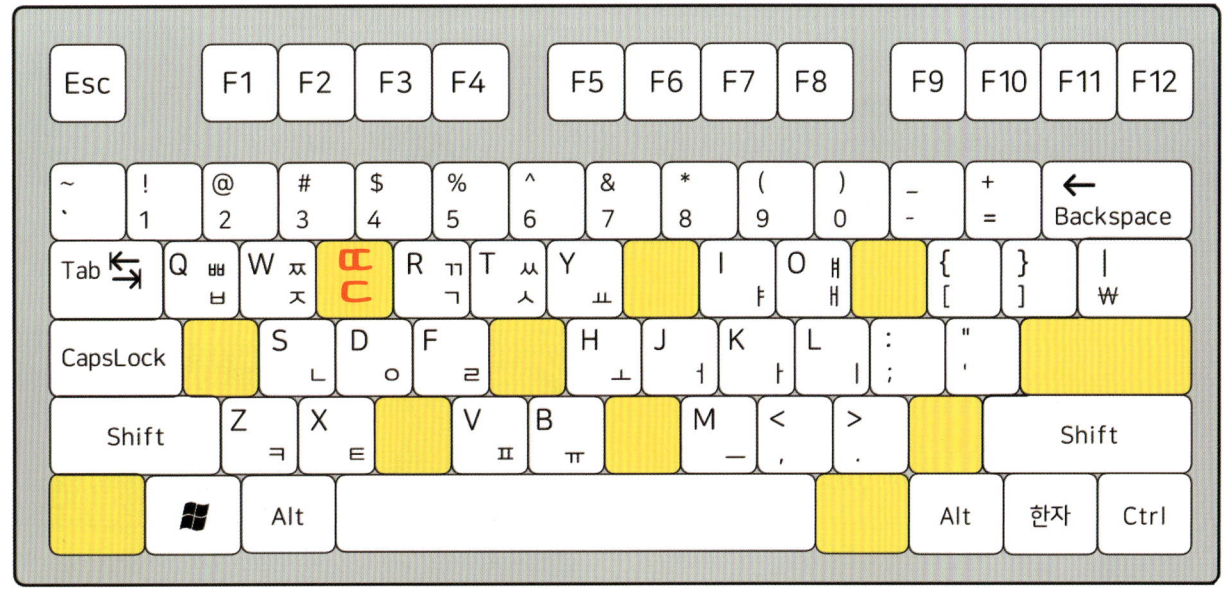

CHAPTER 02 컴퓨터 절친! 마우스와 키보드!

- K마블 타자 프로그램을 통해 마우스 기초 사용법을 배워요.
- K마블 타자 프로그램을 통해 키보드 기초 사용법을 배워요.

■ 불러올 파일 : 없음   ■ 완성된 파일 : 없음

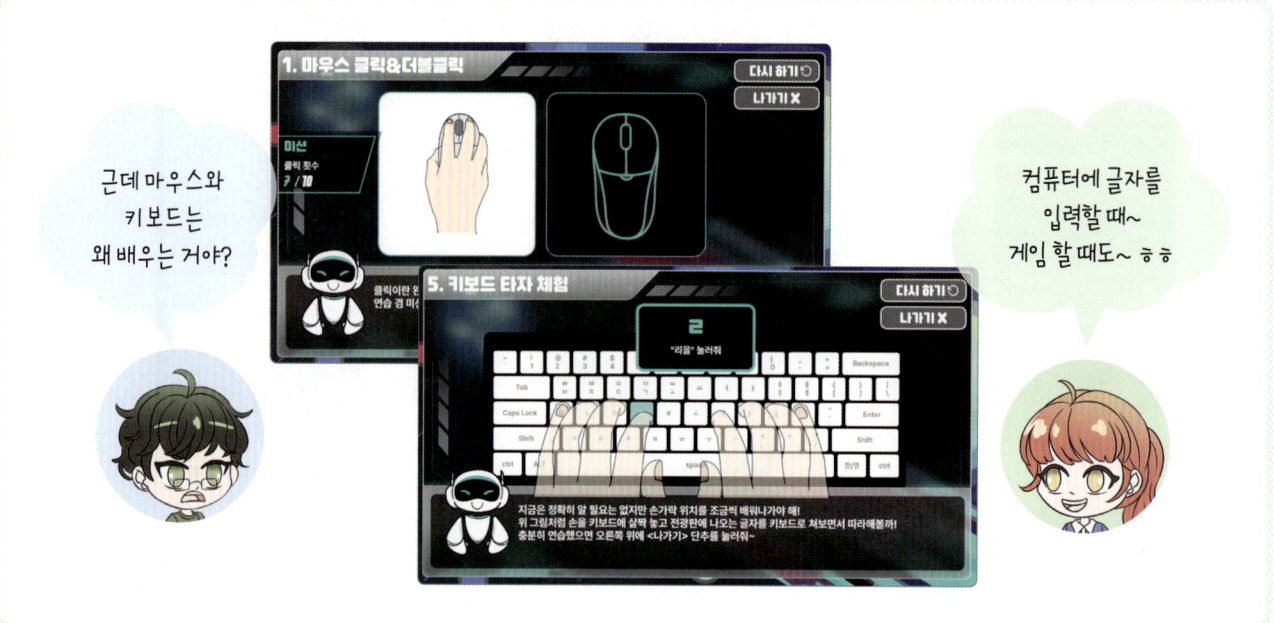

01 마우스는 어떻게 사용해요?

❶ 키우스와 함께 마우스 기초를 연습해 보아요.

❷ [로그인] 또는 [비회원 체험하기]를 클릭한 후, [K마블 튜토리얼]에서 [바로가기] 단추를 클릭해요.

K마블 타자 홈페이지 : https://www.kmabl.co.kr

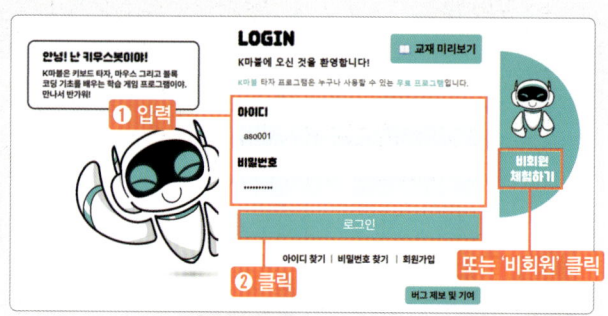

'비회원 체험하기'도 가능해요. '랭킹' 전은 안돼요!

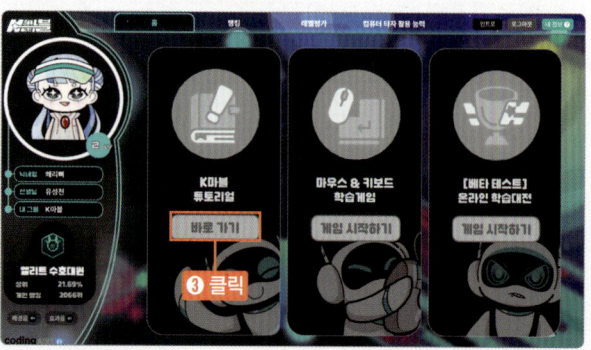

> **TIP**
> K타자왕 친구인 키우스봇이 친구들에게 이야기를 하고 있어요. <다음> 단추를 눌러 하나씩 읽어보고 끝나면 <체험관 종료하기> 단추를 눌러요. (처음에만 나와요.)

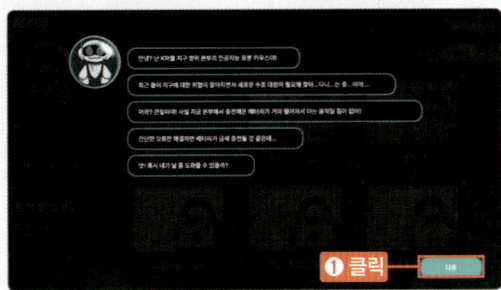
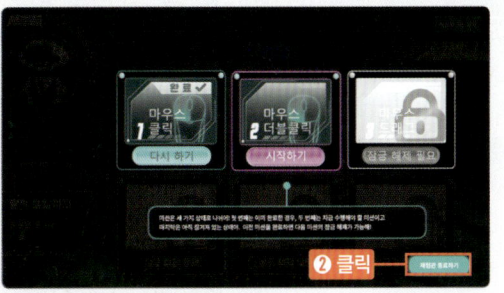

❸ 마우스 연습부터 해봐요. [마우스 클릭&더블클릭]에서 <시작하기> 단추를 클릭해요.

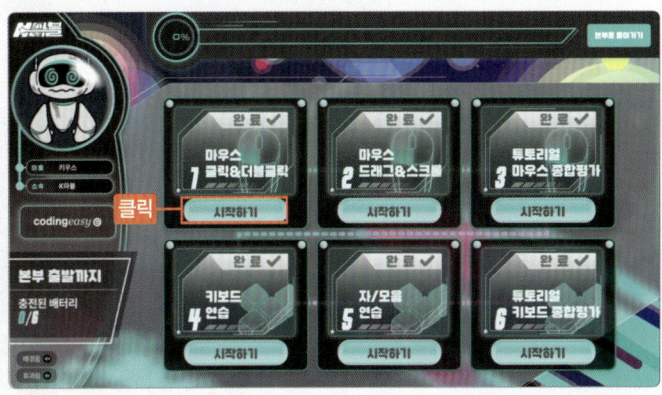

❹ 키우스봇의 설명과 왼쪽 영상을 보면서 제1단계 [클릭&더블클릭] 미션과 제2단계 [드래그&스크롤] 미션까지 완료해 보아요.

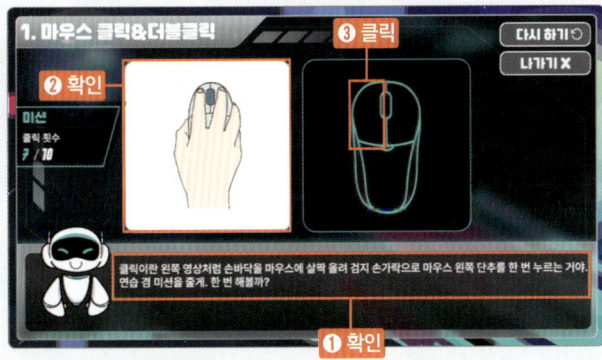
▲ 클릭 & 더블클릭

▲ 드래그 & 스크롤

❺ 지금까지 연습한 방법으로 마우스 기초 마지막 단계인 [튜토리얼 마우스 종합평가]를 완료해 보아요.

02 키보드는 어떻게 사용해요?

❶ 튜토리얼 메뉴 중 키보드 기초를 연습해 보아요.

❷ 튜토리얼 제4단계인 [키보드 연습]에서 <시작하기> 단추를 클릭해요.

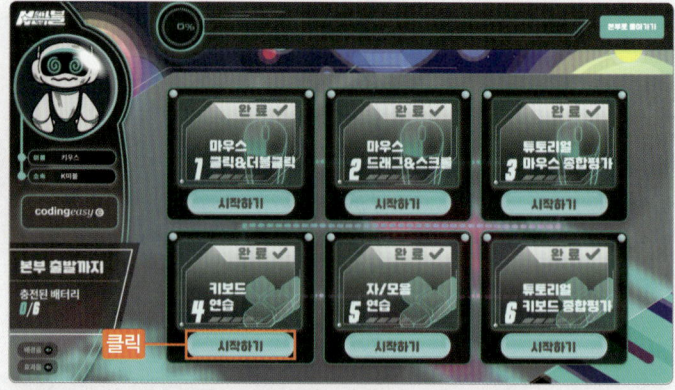

❸ 키우스봇의 설명을 따라 키보드 입력은 어떻게 하는지? 손 모양은 어떤지? 구경해 보아요. 구경이 끝나면 <다음> 단추를 눌러요.

> **TIP**
> - [천천히], [보통], [빠르게]를 눌러 확인해 보아요.
> - 열심히 하면 우리도 빠르게 칠 수 있어요.

❹ 이제 아무 '키'나 한번 눌러볼까요? 모니터에 원하는 문자와 설명이 표시돼요? 다른 글자도 눌러 확인해 보아요.

❺ 체험이 모두 끝나면 <나가기> 단추를 눌러요.

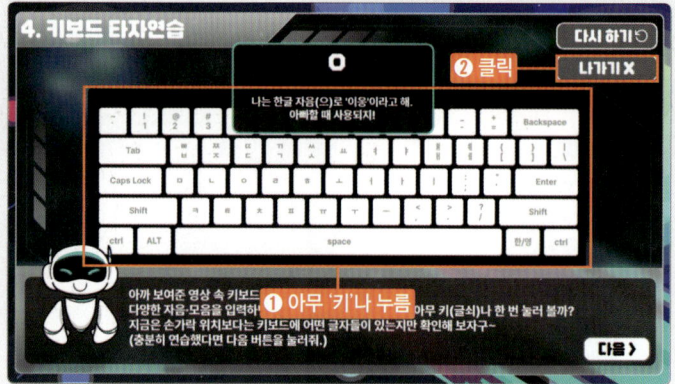

❻ 이제 진짜 글자를 입력하기 위한 연습을 해볼 거예요. 튜토리얼 제5단계인 [자/모음 연습]에서 <시작하기> 단추를 클릭해요.

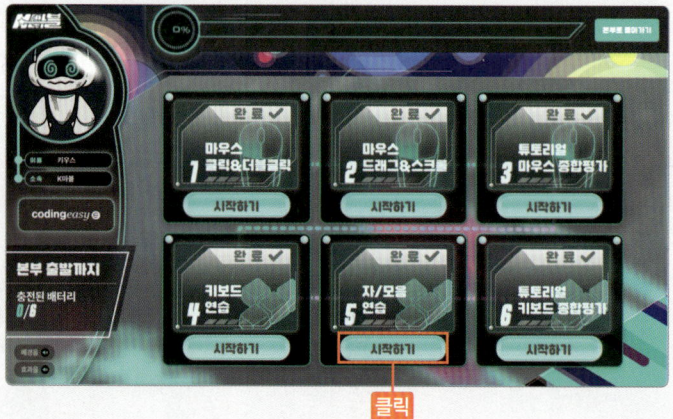

❼ 손가락 모양을 그림과 같이 키보드 위에 올린 후 전광판에 있는 글자를 눌러 보아요. 확인이 끝나면 <나가기> 단추를 눌러요.

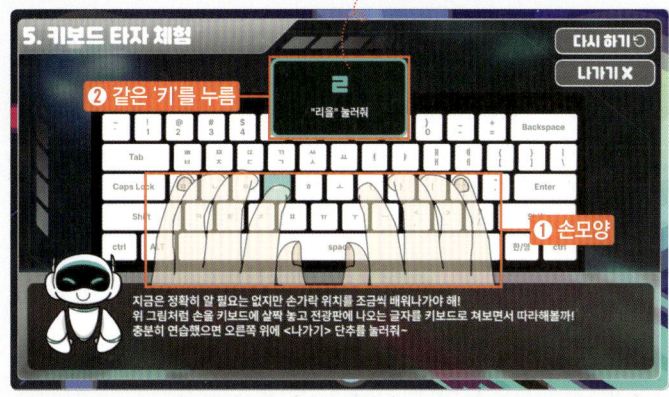

TIP

손과 손가락의 위치
제일 중요한 것은 글자를 누르는 손가락이 그림과 같이 기본 자리에서 손가락을 눌러야 해요.
키보드 타자 연습은 이렇게 손가락을 정확한 위치에 놓고 연습하는 것이 제일 중요해요.

❽ 튜토리얼 마지막 단계인 제6단계 [키보드 종합평가]에서 <시작하기> 단추를 눌러요.

❾ 전광판에 있는 글자를 하나씩 눌러 [키보드 종합평가]를 완료해 보아요.

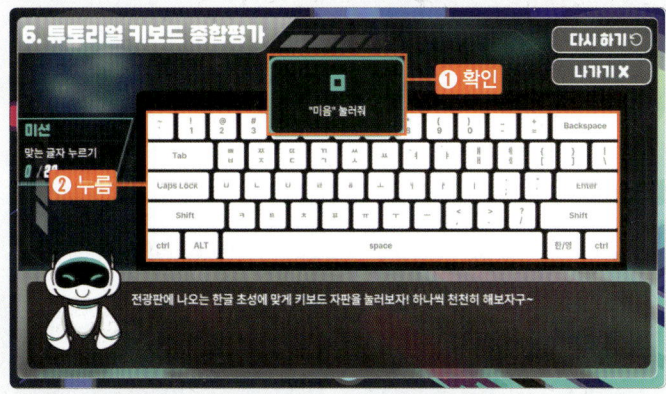

❿ [키보드 종합평가] 미션이 모두 완료되면 "미션 완료" 화면이 나타나고 <나가기> 단추를 누르면 모든 튜토리얼 미션이 완료돼요.

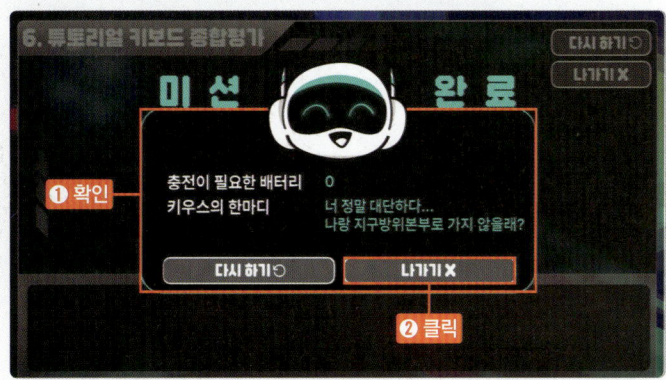

CHAPTER 02 ▶ 스스로 뚝딱뚝딱!

01 나는 누구일까요? 맞는 그림에 'O'를 해보아요.

① 나는 마우스 왼쪽 단추를 한 번 눌러 선택할 때 사용해요

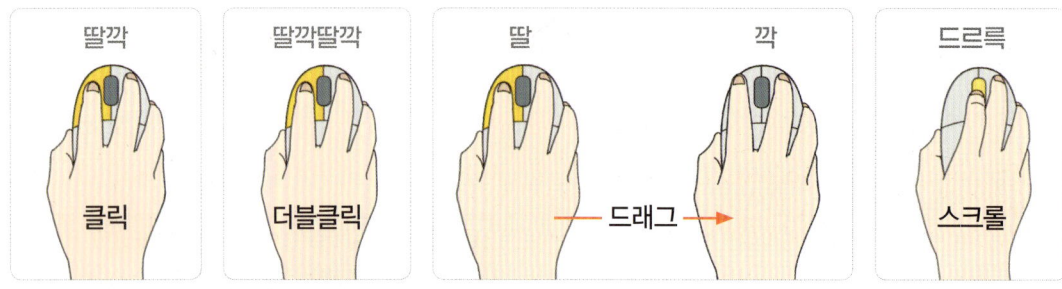

② 나는 마우스 왼쪽 단추를 두 번 빠르게 눌러 실행할 때 사용해요.

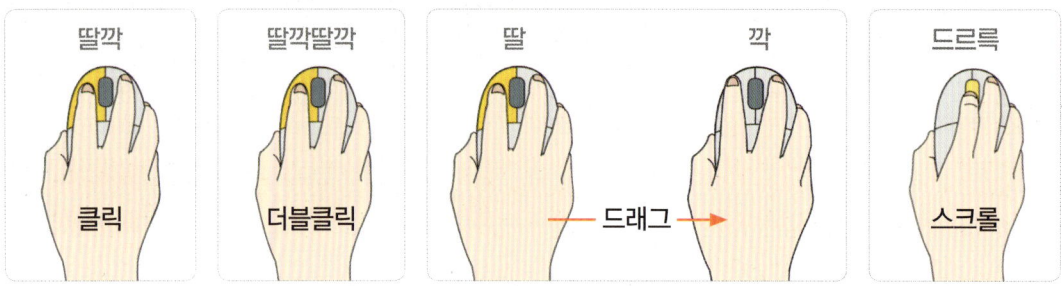

02 마우스와 키보드 튜토리얼 종합평가를 다시 한번 해 보아요.

CHAPTER 03 잠자는 뇌를 깨우는 5분 스트레칭

5분 K마블 타자 게임에는 어떤 친구들이 있는지 알아보아요.

■ **K마블 구경하기** : K마블에는 마우스, 키보드 타자 등 많은 게임이 있어요. 직접 확인해 보아요.

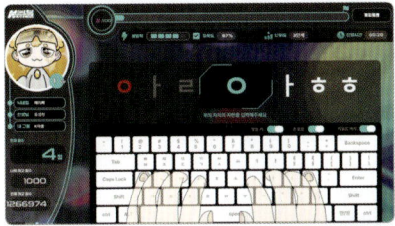  
 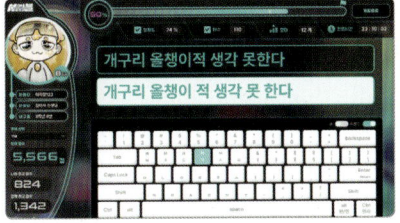 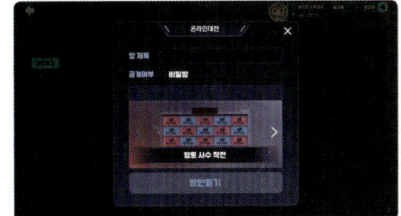

■ K마블 게임 중 가장 재미있고 하고 싶은 게임을 적어 보아요?

예 키보드 자리연습, 마우스 사칙연산 게임

게임이 최고지ㅎ

K마블 타자 연습을 통해 타수 목표를 적어 볼까요. 어린이 타수 평균은 30~50타 정도에요~
100타가 넘어가면 어린이 K타자왕에 오를 수 있어요.

◯ ◯ ◯ 타

CHAPTER 03 K타자왕으로 가기 위한 타자 대작전

이런걸 배워요!
- 조금씩이라도 매일 해야하는 타자 연습을 위해 연습방법을 간단히 배워 보도록 해요.
- 다음 시간부터는 수업 시작하기 전 10분 정도는 K마블 타자 연습을 통해 K타자왕 대작전이 시작돼요!

■ 불러올 파일 : 없음   ■ 완성된 파일 : 없음

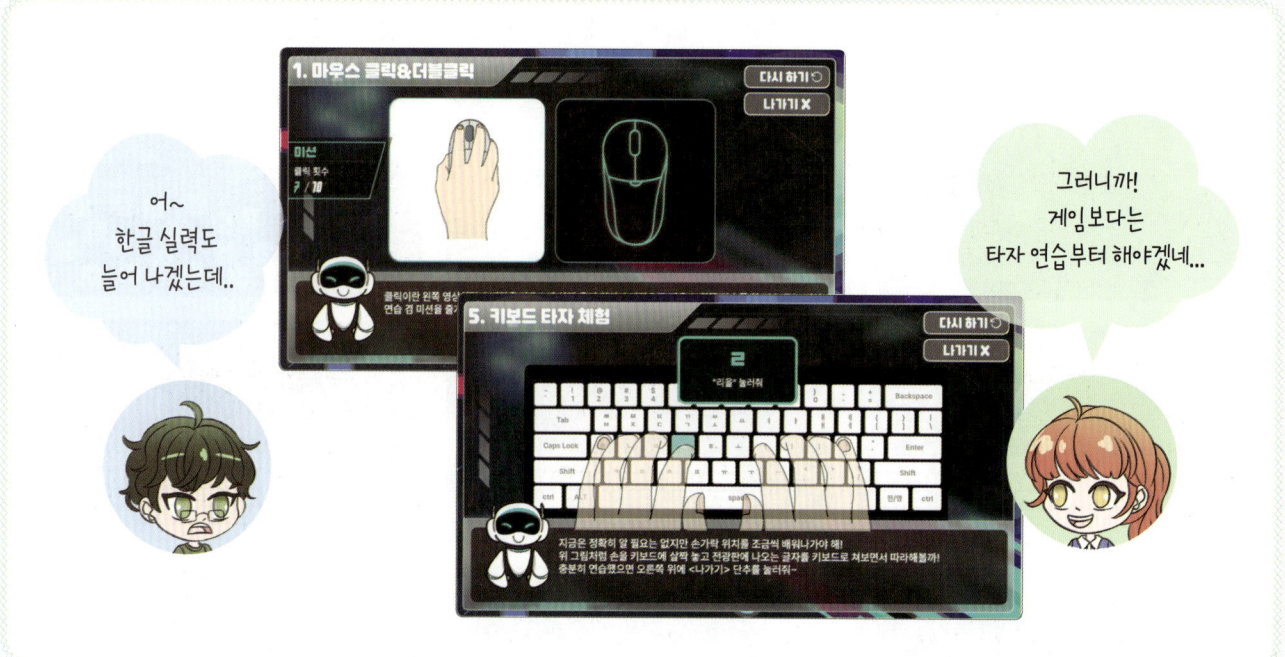

01 마우스 학습게임(한글 자/모음 클릭하기)으로 마우스 왕 도전하기

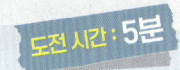
도전 시간 : 5분

❶ [마우스 & 키보드 학습게임]-[마우스 학습게임]-[한글 자/모음 클릭하기] 연습을 체험해 보아요.

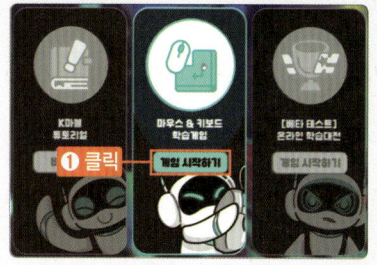  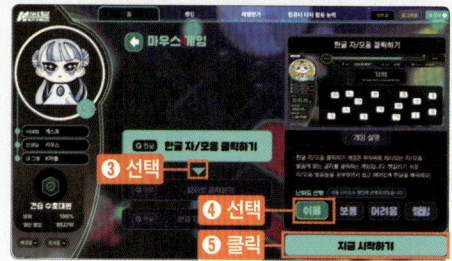

❷ 난이도 [쉬움]부터 [보통]까지 체험해 보아요.

 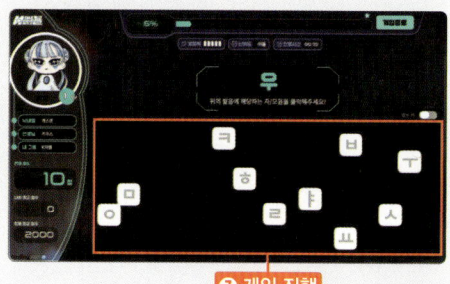

마우스 학습게임(한글 자/모음 더블클릭)으로 마우스 왕 도전하기

① [마우스 & 키보드 학습게임]-[마우스 학습게임]-[한글 자/모음 더블클릭] 연습을 체험해 보아요.

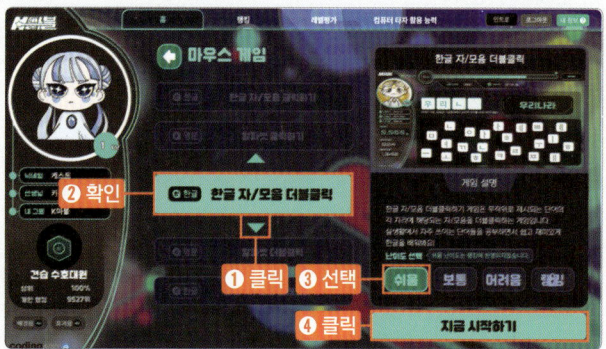

난이도 랭킹
난이도 [랭킹] 게임은 나의 랭킹을 확인할 수 있어요.
[랭킹] 게임은 회원 가입 후 로그인 하면 할 수 있어요.

② 난이도 [쉬움]부터 [보통]까지 체험해 보아요.

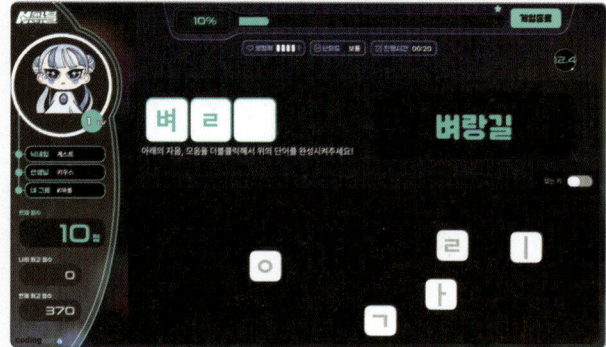

 마우스 학습게임(한글 자/모음 드래그하기)으로 마우스 왕 도전하기

① [마우스 & 키보드 학습게임]-[마우스 학습게임]-[한글 자/모음 드래그하기] 연습을 체험해 보아요.

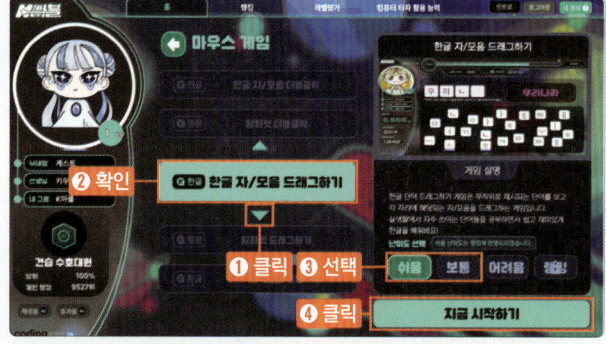

② 난이도 [쉬움]부터 [보통]까지 체험해 보아요.

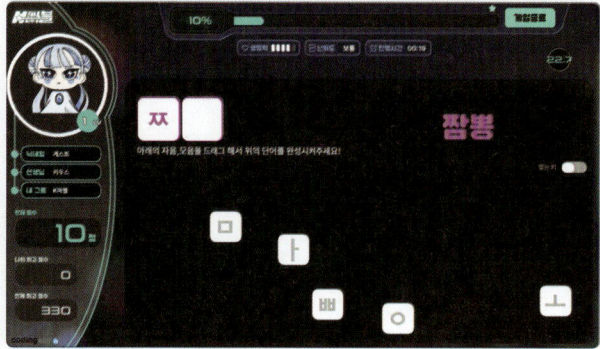

04 마우스 학습게임(지구를 지켜라)으로 마우스 왕 도전하기

도전 시간 : 5분

❶ [마우스 & 키보드 학습게임]-[마우스 학습게임]-[지구를 지켜라] 연습을 체험해 보아요.

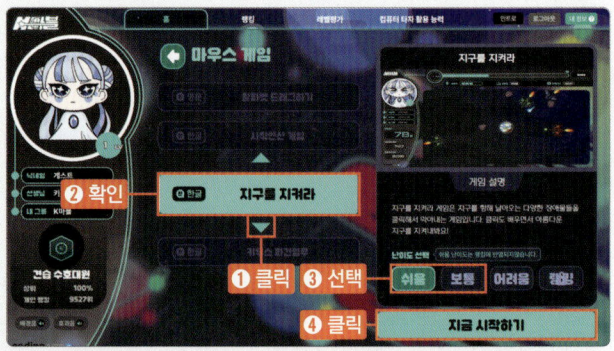

❷ 난이도 [쉬움]부터 [보통]까지 체험해 보아요.

> **TIP**
> 클릭과 더블클릭
> - **소행성** : 클릭으로 해결해요.
> - **우주선** : 더블클릭으로 해결해요.

05 키보드 학습게임(키보드 자리 연습)으로 K타자 왕 체험하기

도전 시간 : 5분

❶ [마우스 & 키보드 학습게임]-[키보드 학습게임]-[한글 키보드 자리 연습]-[기본 자리 연습]을 체험해 보아요.

❷ [기본 자리 연습]부터 [윗 자리 연습]까지 체험해 보아요. 체험이 끝나면 <게임 종료> 단추를 클릭해요.

> **손 모양이 중요해요**
> 키보드 타자 연습에서 가장 중요한 것은 그림처럼 손가락 위치가 중요해요.
> 키보드 자리를 외웠다면 '맞는 키'와 '손 모양'을 끄고 연습할 수도 있어요.

❸ [아랫 자리 연습]부터 [시프트 자리 연습]까지 체험해 보아요. 체험이 끝나면 <게임 종료> 단추를 클릭해요.

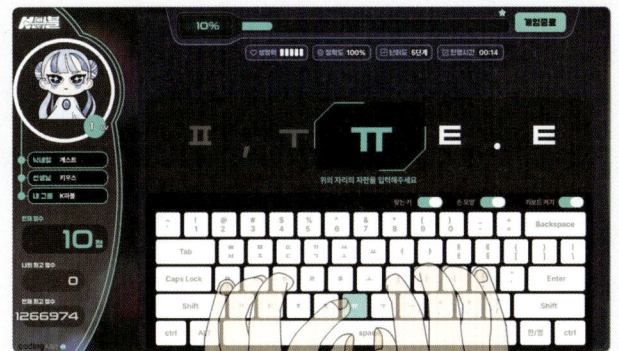

❸ 이제 키보드 자리 연습 마지막 단계인 [전체 자리 연습]을 체험해 보아요.

06 키보드 학습게임(키보드 단어 연습)으로 K타자 왕 체험하기

도전 시간 : 5분

❶ [마우스 & 키보드 학습게임]-[키보드 학습게임]-[한글 키보드 단어 연습]을 체험해 보아요.

> **K타자왕으로 가는 지름길**
> 키보드 단어 연습, 게임 등도 좋지만 키보드 자리 연습은 K타자왕으로 가는 지름길이에요.

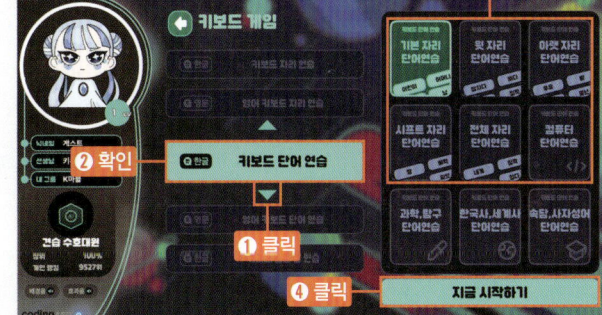

❷ [기본 자리 단어 연습]부터 [전체 자리 단어연습]까지 하나씩 체험해 보아요.

CHAPTER 03 · 스스로 뚝딱뚝딱!

01 단어 연상 게임 체험하기

- [키보드 & 마우스 학습게임]-[키보드 학습게임]-[한글 단어 연상 게임]을 체험해 볼까요!

02 K마블 본부 수호작전 체험하기

- [키보드 & 마우스 학습게임]-[키보드 학습게임]-[한글 K마블 본부 수호작전]을 체험해 볼까요!

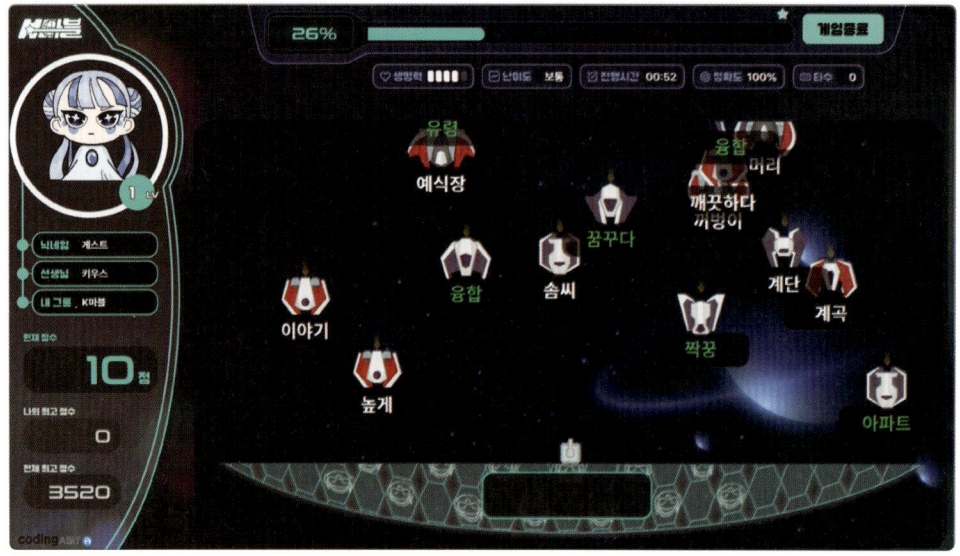

· MEMO ·

CHAPTER 04 — 내 맘대로 해결하고 K타자왕을 꿈꾸며

01 나는 누구일까요? 맞는 것에 'O'표 해 보아요.

1. 나는 종이에 그림이나 글자를 인쇄해요. 그래서 출력 장치라고 해요.

   ①  마우스　　②  헤드셋　　③  키보드　　④  프린터

2. 나는 '쥐'처럼 생겼어요. 그리고 왼쪽과 오른쪽에 누르는 단추가 있어요.

   ①  마우스　　②  헤드셋　　③  키보드　　④  프린터

3. 나는 마우스 왼쪽에 있는 단추에요. 왼쪽 단추를 두 번 빠르게 눌러 프로그램을 실행해요.

   ① 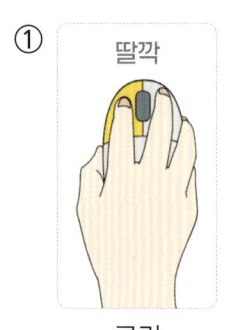 클릭　　② 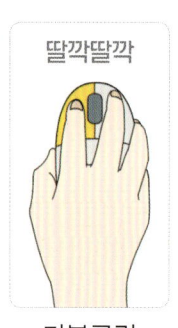 더블클릭　　③ 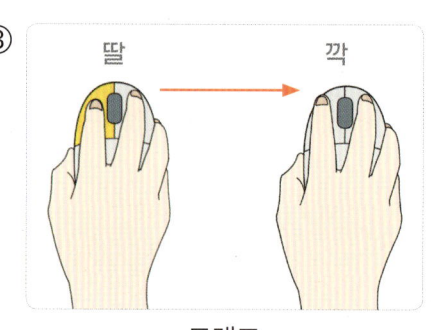 드래그　　④ 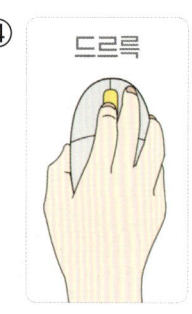 스크롤

4. 나는 마우스 왼쪽에 있는 단추에요. 왼쪽 단추를 누른 상태서 다른 곳으로 이동해요.

   ① 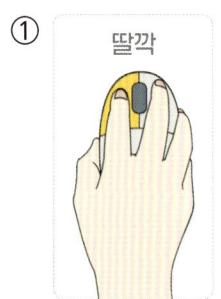　　② 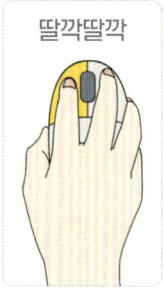　　③ 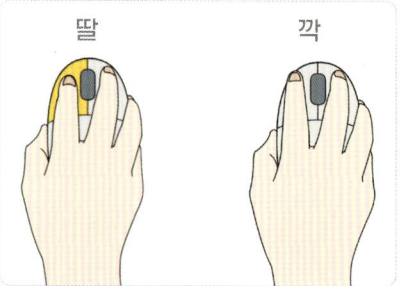　　④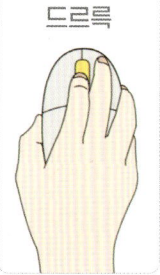

지난 세 개의 차시에서 배운 내용으로 스스로 해결해 볼까?

02 [한글 키보드 자리 연습]-[기본 자리 연습]으로 K타자왕에 도전해요.

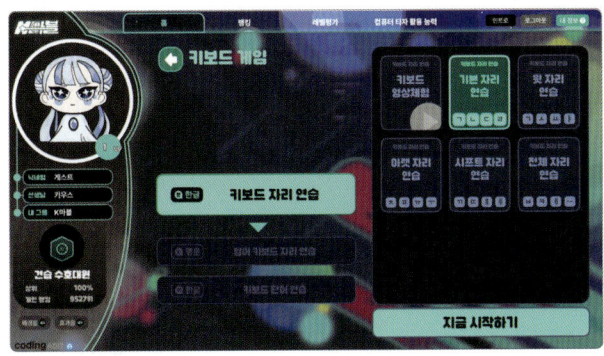 

▲ 기본 자리 연습

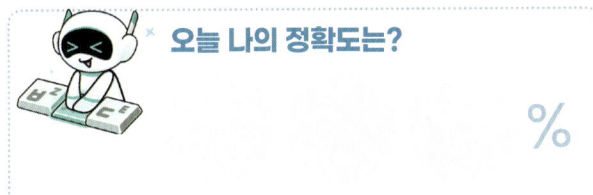
오늘 나의 정확도는?   %

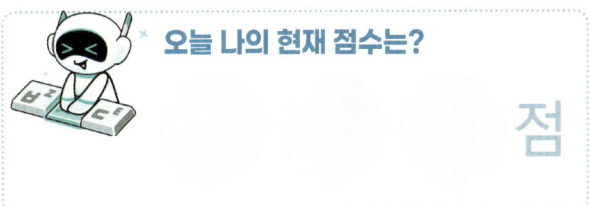
오늘 나의 현재 점수는?   점

03 [한글 키보드 단어 연습]-[기본 자리 단어연습]으로 K타자왕에 도전해요.

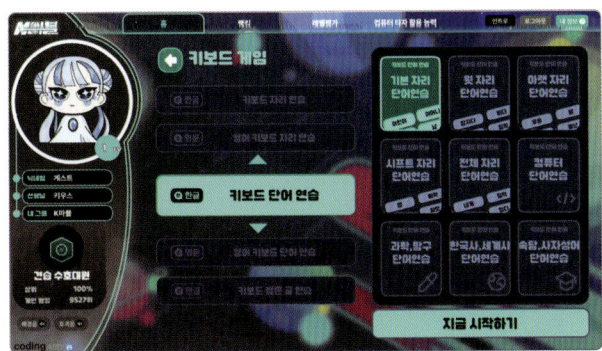 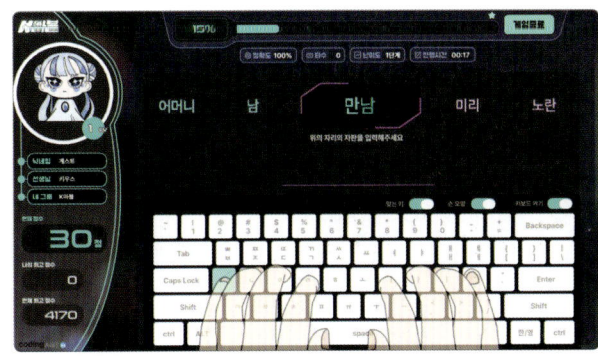

▲ 기본 자리 단어 연습

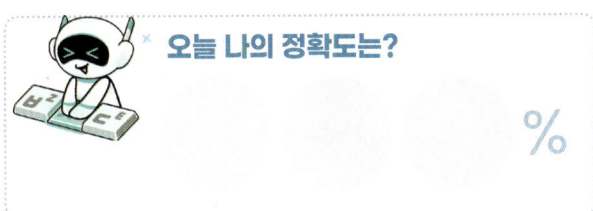
오늘 나의 정확도는?   %

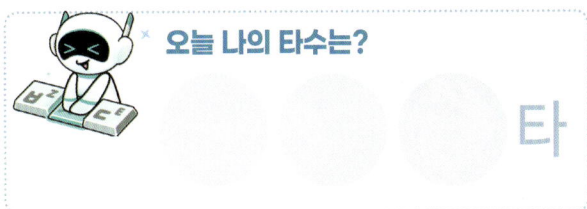
오늘 나의 타수는?   타

04 · 내 맘대로 해결하고 K타자왕을 꿈꾸며

休 알아두면 좋은 컴퓨터 상식

CHAPTER 05 K타자왕을 꿈꾸며 10분 스트레칭

10분 K마블 타자연습으로 잠자는 손가락을 깨워요^^

■ [기본 자리 연습]과 [기본 자리 단어 연습]으로 K타자왕에 도전해요.

▲ [한글 키보드 자리 연습]-[기본 자리 연습]

- 오늘 나의 정확도는? %
- 오늘 나의 현재 점수는? 점

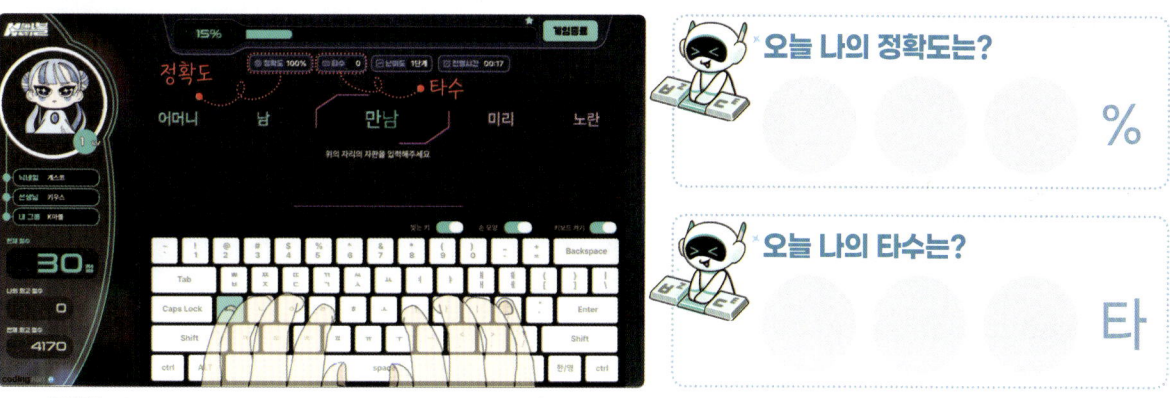

▲ [한글 키보드 단어 연습]-[기본 자리 단어 연습]

- 오늘 나의 정확도는? %
- 오늘 나의 타수는? 타

■ 오늘 연습한 단계에 'O', '△', '×' 표로 성취도를 표시해 보아요.

타자 게임	1단계	2단계	3단계	4단계	5단계	6단계
자리 연습	기본 자리	윗 자리	아랫 자리	시프트 자리	전체 자리	
단어 연습	기본 자리	윗 자리	아랫 자리	시프트 자리	전체 자리	
짧은 글 연습	컴퓨터 코딩	사회, 생활	과학, 탐구	한국사~	속담~	
K마블 본부 수호작전	쉬움	보통	어려움	랭킹		
단어 연상 게임	쉬움	보통	어려움	랭킹		

O : 잘함   □ : 보통   △ : 다음에 열심히

CHAPTER 05 마음에 안드는 바탕화면! 예쁘게 꾸며봐요.

- 컴퓨터를 켜면 제일 먼저 나오는 윈도우 화면을 바탕화면이라고 해요.
- 마음에 들지 않는 바탕화면을 예쁘게 꾸며보도록 해요.

■ 불러올 파일 : '우리집 강아지.jpg'   ■ 완성된 파일 : 없음

01 바탕화면을 바꾸어 볼까!

① 바탕화면 빈 곳에서 마우스 오른쪽 단추를 클릭한 후, [개인 설정] 메뉴를 클릭해요.

❷ 아래와 같은 순서대로 바탕화면을 바꾸어 보아요.

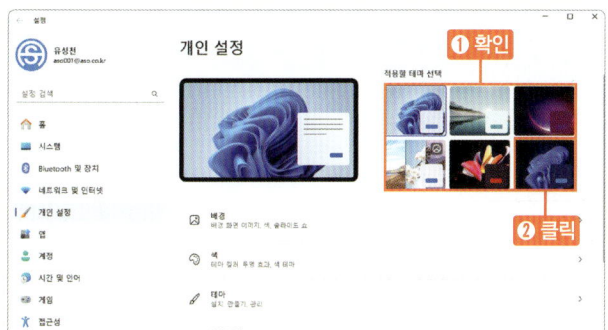 

02 바탕화면 내 사진으로 바꾸기

❶ 내가 가져온 사진으로 바탕화면을 바꿀 수 있어요. 바탕화면 빈 곳에서 마우스 오른쪽 단추를 클릭한 후, [개인 설정] 메뉴를 클릭해요.

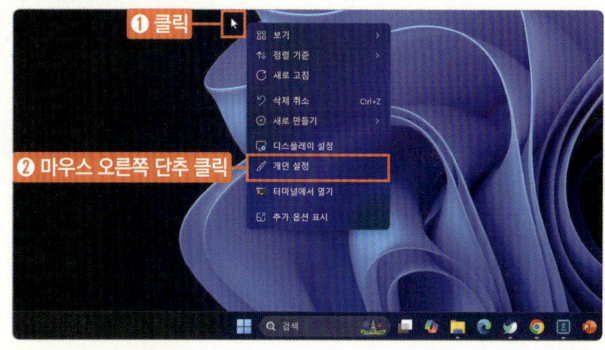

❷ [개인 설정] 창에서 [배경] 메뉴를 클릭한 후, [사진 선택] 메뉴에서 <사진 찾아보기> 단추를 클릭해요.

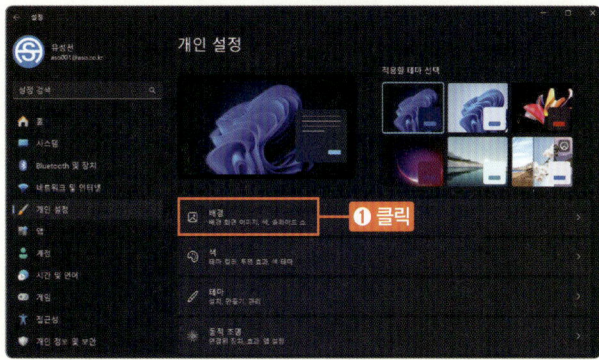 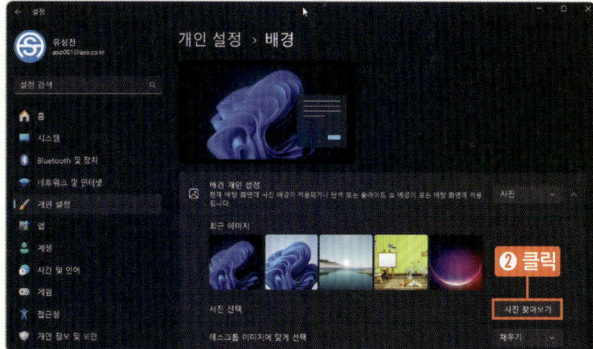

❸ [불러올 파일]-[05차시] 폴더에 '우리집 강아지.jpg'를 선택한 후, <사진 선택> 단추를 클릭해요.

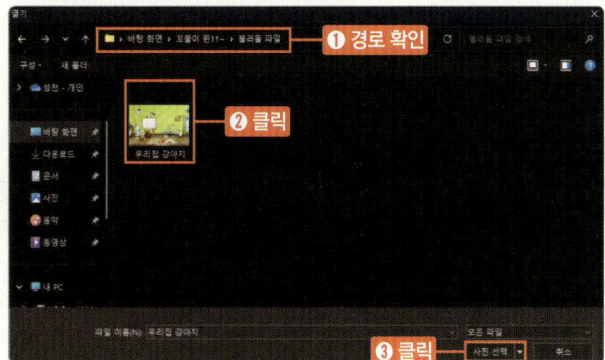 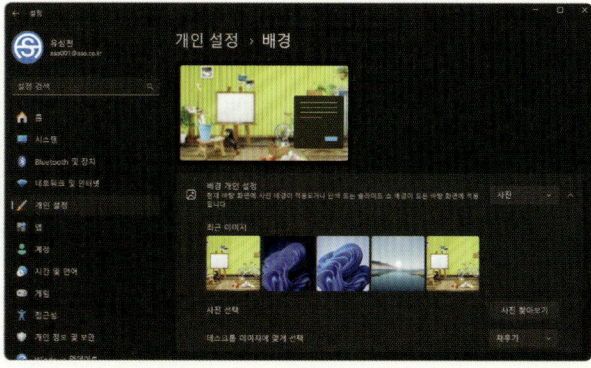

03 바탕화면이 자동으로 변경돼요!

❶ 바탕화면을 여러 가지 사진으로 바뀌면서 나오도록 해 볼까요. 바탕화면 빈 곳에서 마우스 오른쪽 단추를 클릭한 후, [개인 설정] 메뉴를 클릭해요.

❷ '일출, 4개 이미지' 테마를 선택한 후, [배경] 메뉴를 클릭합니다. 이어서 '다음 간격마다 사진 변경' 항목에서 '1분'을 선택해요.

❸ '1분'마다 바탕화면 그림이 바뀌는 것을 확인할 수 있어요.

▲ 1분 전 바탕화면   ▲ 1분 후 바탕화면

04 바탕화면 시작 단추 위치 바꾸기

① 바탕화면 맨 아래 <시작> 단추 등 '작업 표시줄'이 가운데 있어요. 왼쪽으로 옮겨볼까요. 먼저 작업 표시줄 빈 곳에서 마우스 오른쪽 단추를 눌러 <작업 표시줄 설정> 메뉴를 클릭해요.

② 작업 표시줄 창의 [작업 표시줄 동작] 메뉴를 클릭한 후, "작업 표시줄 맞춤" 항목에서 "가운데"를 "왼쪽"으로 바꾸어요.

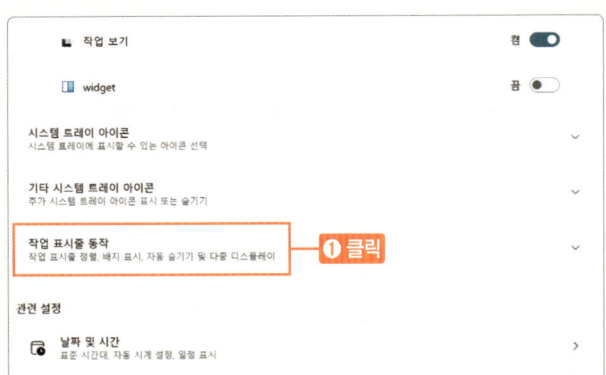

05 · 마음에 안드는 바탕화면! 예쁘게 꾸며봐요.

CHAPTER 05 ▶ 스스로 뚝딱뚝딱!

📁 불러올 파일 : 바탕화면01.jpg~바탕화면06.jpg   📁 완성된 파일 : 없음

01 내 맘대로 사고력으로 문제해결능력 UP

- [불러올 파일]-[05차시] 폴더에 바탕화면으로 사용할 수 있는 그림을 확인해 보고 내가 원하는 그림으로 바탕화면을 바꾸어 보아요.

02 K마블 타자 학습 게임으로 K타자왕 도전하기

- 내게 부족한 타자 연습 또는 하고 싶은 타자 게임으로 K타자왕에 도전해 보아요.

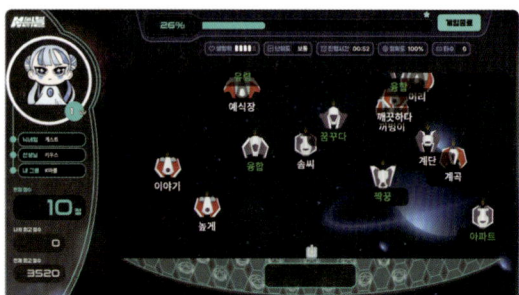

CHAPTER 06 K타자왕을 꿈꾸며 10분 스트레칭

10분 K마블 타자연습으로 잠자는 손가락을 깨워요^^

■ [윗 자리 연습]과 [윗 자리 단어 연습]으로 K타자왕에 도전해요.

▲ [한글 키보드 자리 연습]-[윗 자리 연습]

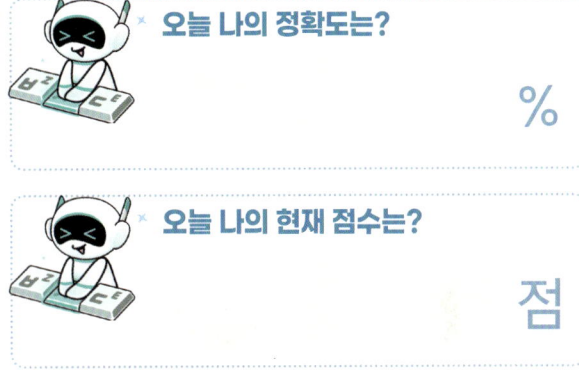
오늘 나의 정확도는? %

오늘 나의 현재 점수는? 점

▲ [한글 키보드 단어 연습]-[윗 자리 단어 연습]

오늘 나의 정확도는? %

오늘 나의 타수는? 타

■ 오늘 연습한 단계에 'O', '△', '×' 표로 성취도를 표시해 보아요.

타자 게임	1단계	2단계	3단계	4단계	5단계	6단계
자리 연습	기본 자리	윗 자리	아랫 자리	시프트 자리	전체 자리	
단어 연습	기본 자리	윗 자리	아랫 자리	시프트 자리	전체 자리	
짧은 글 연습	컴퓨터 코딩	사회, 생활	과학, 탐구	한국사~	속담~	
K마블 본부 수호작전	쉬움	보통	어려움	랭킹		
단어 연상 게임	쉬움	보통	어려움	랭킹		

O : 잘함   □ : 보통   △ : 다음에 열심히

CHAPTER 06 컴퓨터 안의 내 책가방! 파일과 폴더

- '파일'과 '폴더'는 컴퓨터에서 가장 많이 사용되는 단어에요.
- 파일을 직접 만들고 파일 내용을 입력한 후, 파일 이름을 만들어봐요.

■ 불러올 파일 : 없음   ■ 완성된 파일 : 없음

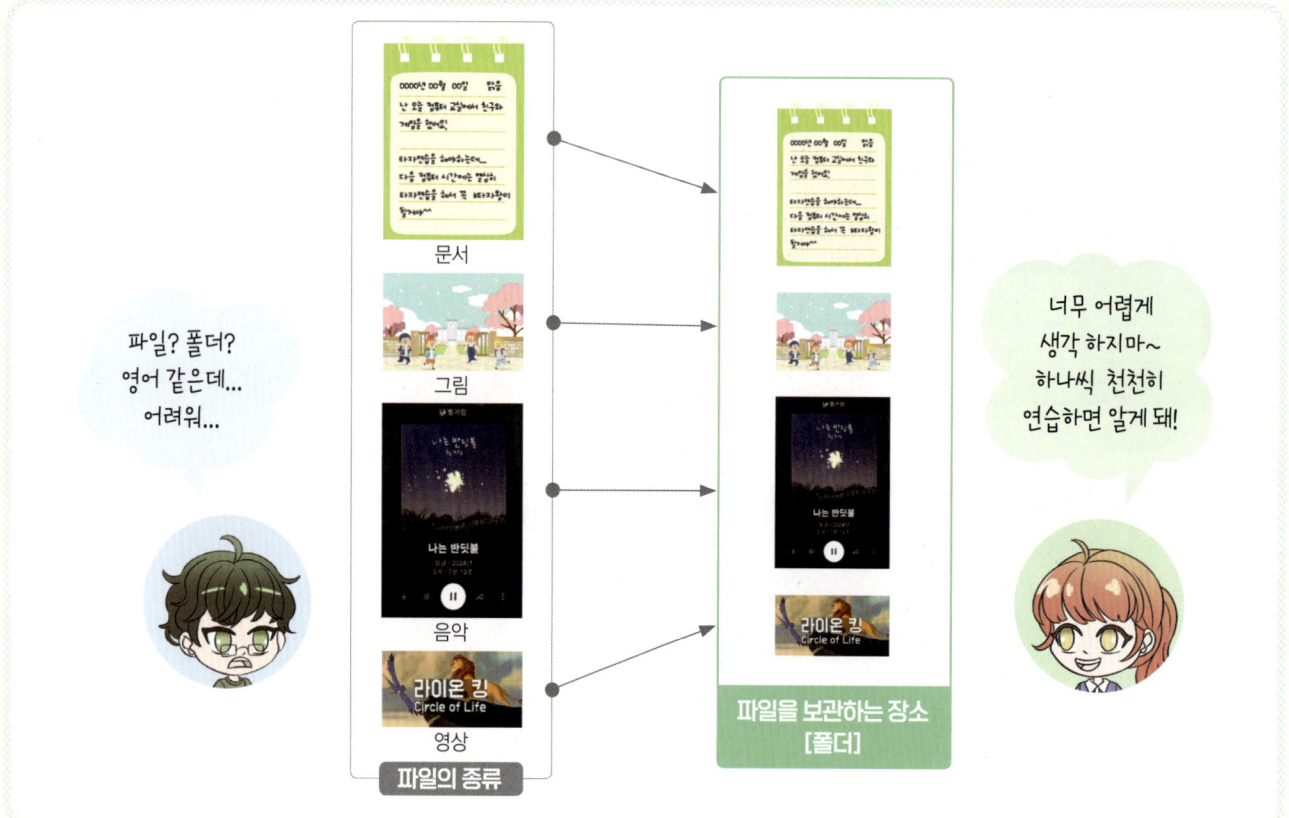

01 파일과 폴더는 뭘까요?

❶ 가방이나 카트처럼 무엇인가 담을 수 있는 것을 '폴더', 담겨 있는 물건 들을 "파일"이라고 할 수 있어요. 가방(폴더)에 들어갈 수 있는 내용(파일) 들에만 동그라미(○) 표시를 해 볼까요.

▲ 파일

▲ 폴더

❷ [폴더]인 '비빔밥' 그릇에 내가 좋아하는 [파일]인 '반찬'을 선으로 이어 맛있는 비빔밥을 만들어 보아요.

❸ 나는 비빔밥을 이런 순서로 담아서 맛있게 비벼 먹을 거예요. 내가 좋아하는 비빔밥을 만들어요.

예 보리밥 – 시금치 – 콩나물 – 김치 – 꼬막 – 참기름 – 계란 – 비벼요

❹ '폴더'가 무엇을 담는 그릇이라면 '파일'은 정확히 무엇일까요?

▲ 일기 내용　　　　　　　　　　　　　　▲ 일기 표지 또는 일기 제목

❺ 일기를 적은 후 일기장 표지에 '나의 일기장'이라고 쓰면, 일기장 제목인 '나의 일기장'을 '파일' 또는 '파일이름(파일명)'이라고 해요.

02 진짜 컴퓨터 파일을 만들어 볼까요.

❶ [시작]-[모두]-[메모장] 앱을 클릭한 후, 메모장이 나타나면 '나의 학교'와 '나의 이름'을 키보드로 쳐서 입력해 볼까요. (다음 페이지를 참고해 보아요~)

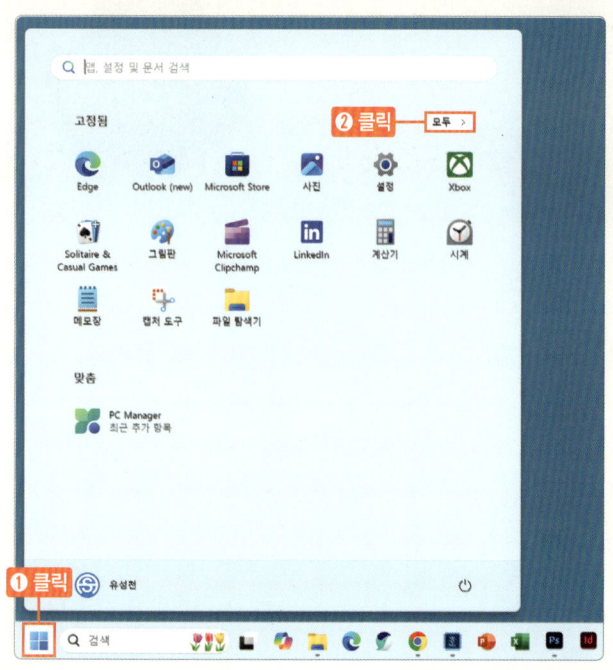　

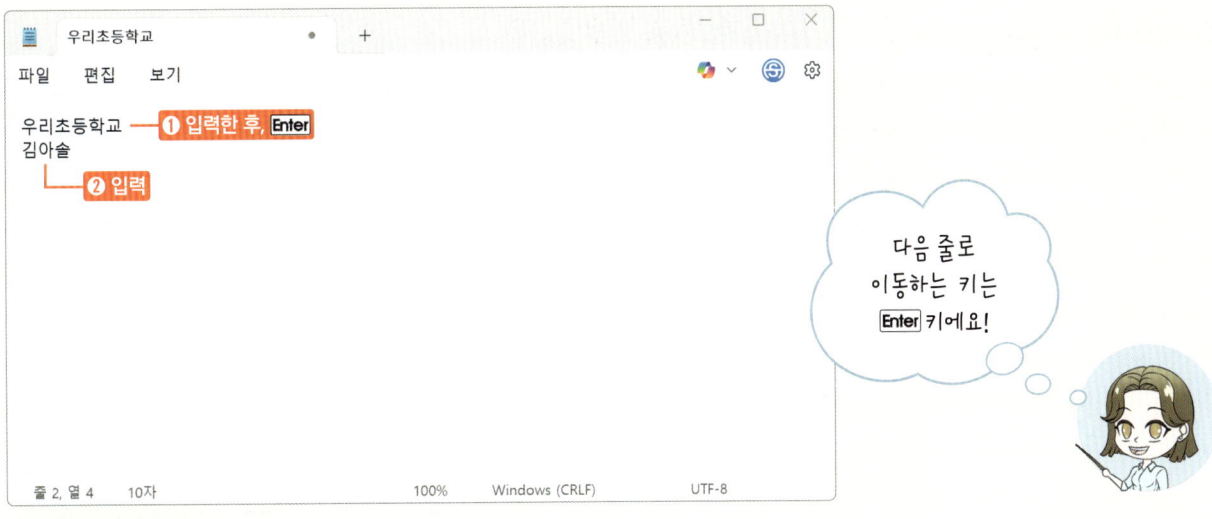

> **메모장?**
> 메모장은 일기장에 글자를 쓰는 것처럼 글자를 쓸 수 있는 노트 같은 거예요.

② 모두 입력하면 작성한 내용의 제목인 '파일(파일명)'을 만들어 볼 거예요.

③ 먼저 [파일]-[저장]을 클릭해요.

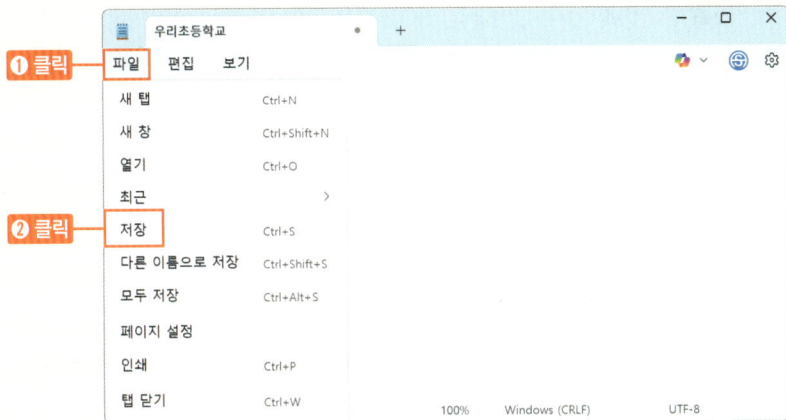

④ 입력한 내용의 세목인 '파일 이름'을 [바탕화면]에 '자신의 이름'으로 입력하고 <저장> 단추를 클릭해요.

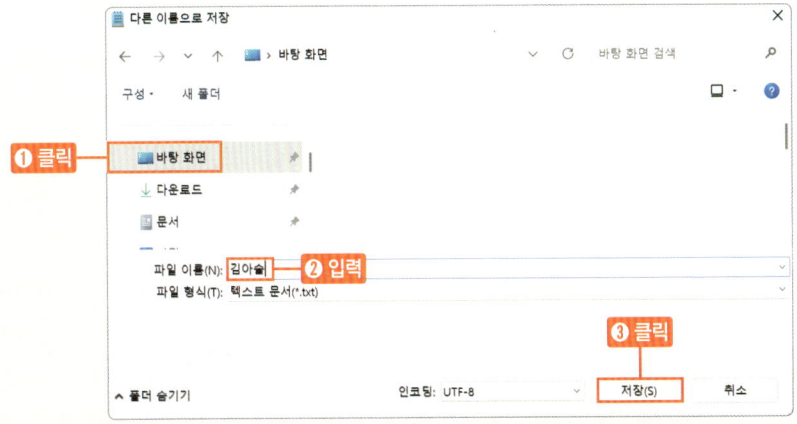

> **파일의 저장 위치**
> 파일을 저장할 때는 어디에 저장할 건지 '장소(경로)'를 정할 수 있어요. 위에는 바탕화면에 저장해요.

06 · 컴퓨터 안의 내 책가방! 파일과 폴더

❺ 그럼 바탕화면에 조금 전 만든 파일을 볼 수 있어요.

❻ 바탕화면에 만들어진 파일을 더블클릭하면 내용을 확인하고 고칠 수도 있어요.

❼ 메모장 제목 표시줄에 있는 종료(×) 단추를 눌러 메모장 앱을 종료해요.

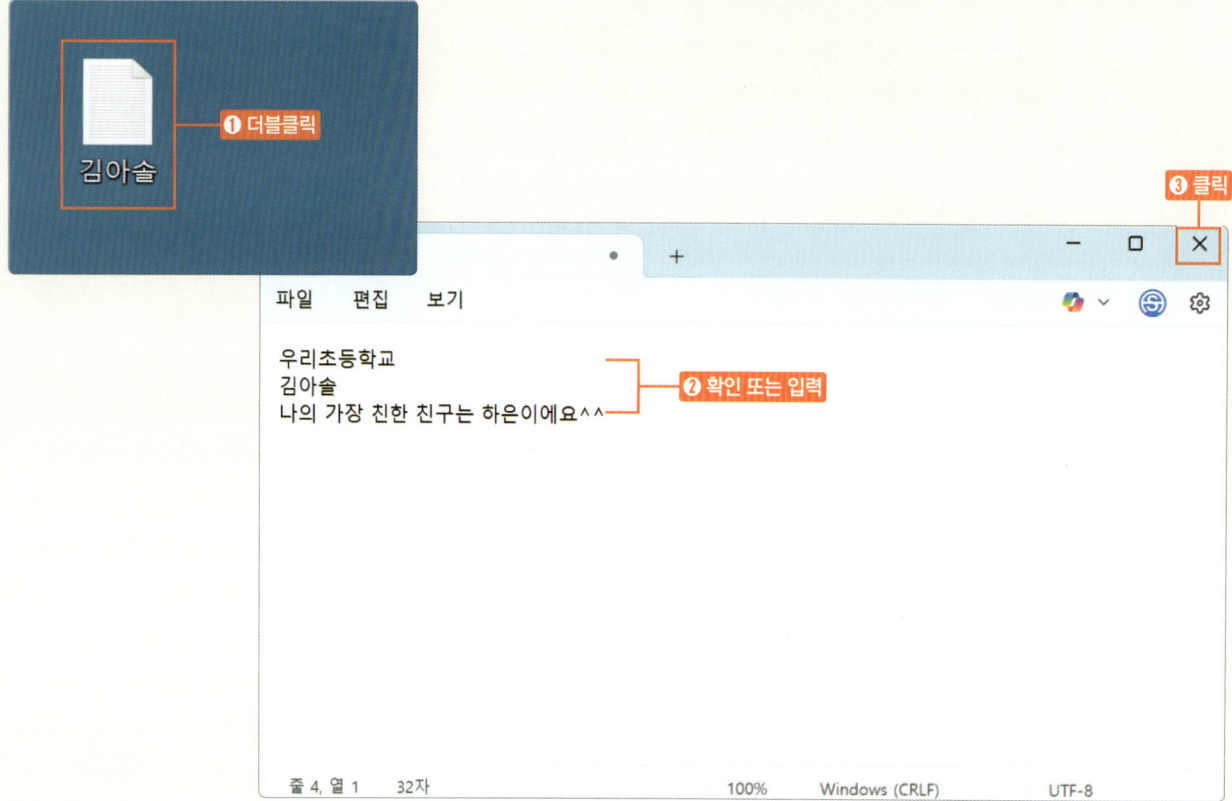

필요 없는 파일은 휴지통으로! 잘못 지웠으면 휴지통에서 꺼내기!

❶ 내가 만든 파일이 필요 없을 경우 파일을 지울 수 있어요.

❷ 조금 전 만든 자신의 이름으로 된 메모장 파일을 클릭한 후, Delete 키를 눌러요. 자신의 이름으로 된 메모장 파일이 없어졌어요.

 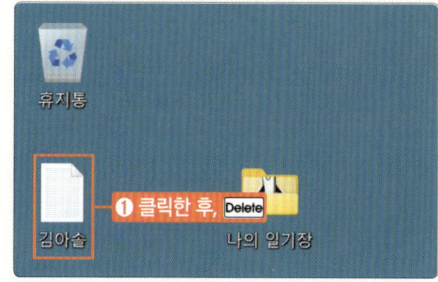 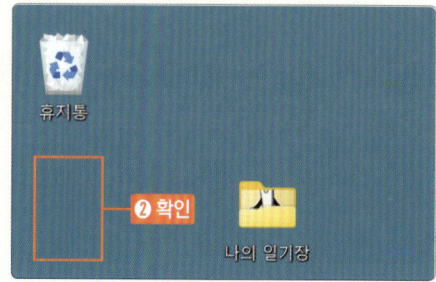

❸ 정말 없어진 건 아니고 휴지통이란 곳에 버려졌어요. 바탕화면에 있는 [휴지통]을 더블클릭 해요. 조금 전 지워진 자신의 이름으로 된 파일이 보이죠!

❹ 휴지통 안에 있는 자신의 이름으로 된 파일을 클릭한 후, '선택한 항목 복원'을 클릭해요. 지워진 자신의 이름으로 된 파일이 원래대로 돌아왔어요.

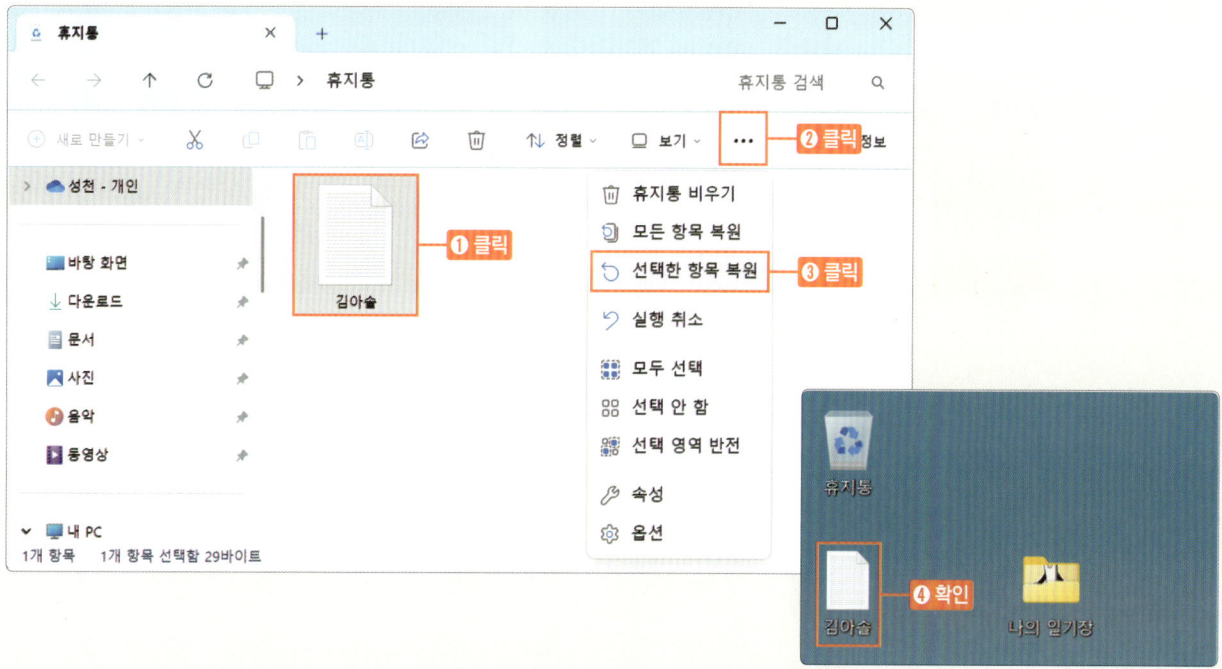

06 스스로 뚝딱뚝딱!

📁 불러올 파일 : 본문 메모장 내용에 이어서   📗 완성된 파일 : 컴퓨터실 홍길동(완성).txt

01 내 맘대로 사고력으로 문제해결능력 UP

- 조금 전 만든 파일에 아래와 같은 내용을 추가로 입력하고 바탕화면에 [다른 이름으로 저장] 해 보세요.(파일명 예 : 컴퓨터실 홍길동(완성))

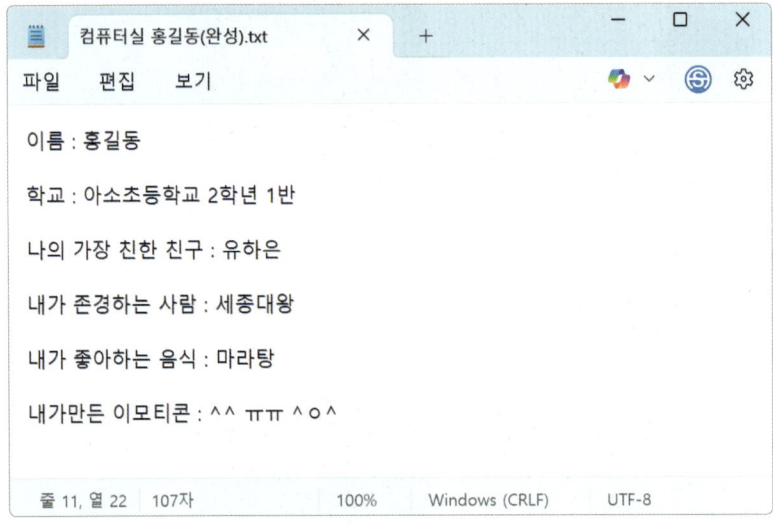

02 K마블 타자 학습 게임으로 K타자왕 도전하기

- 내게 부족한 타자 연습 또는 하고 싶은 타자 게임으로 K타자왕에 도전해 보아요.

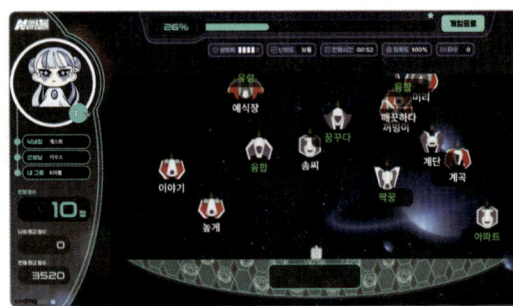

CHAPTER 07 K타자왕을 꿈꾸며 10분 스트레칭

10분 K마블 타자연습으로 잠자는 **손가락**을 깨워요^^

■ [아랫 자리 연습]과 [아랫 자리 단어 연습]으로 K타자왕에 도전해요.

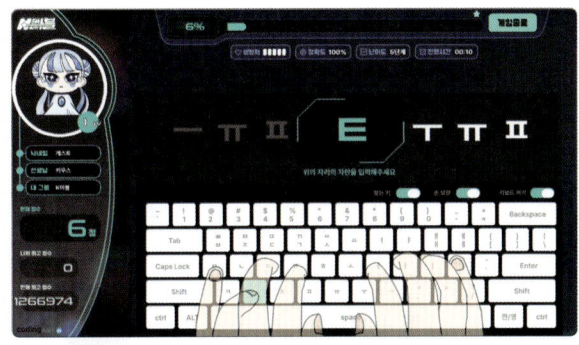

▲ [ⓠ한글 키보드 자리 연습]-[아랫 자리 연습]

* 오늘 나의 정확도는?   %

* 오늘 나의 현재 점수는?   점

▲ [ⓠ한글 키보드 단어 연습]-[아랫 자리 단어 연습]

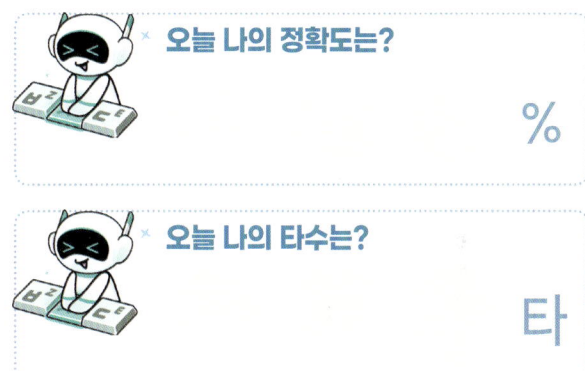

* 오늘 나의 정확도는?   %

* 오늘 나의 타수는?   타

■ 오늘 연습한 단계에 'O', '△', 'X' 표로 성취도를 표시해 보아요.

타자 게임	1단계	2단계	3단계	4단계	5단계	6단계
자리 연습	기본 자리	윗 자리	아랫 자리	시프트 자리	전체 자리	
단어 연습	기본 자리	윗 자리	아랫 자리	시프트 자리	전체 자리	
짧은 글 연습	컴퓨터 코딩	사회, 생활	과학, 탐구	한국사~	속담~	
K마블 본부 수호작전	쉬움	보통	어려움	랭킹		
단어 연상 게임	쉬움	보통	어려움	랭킹		

O : 잘함   □ : 보통   △ : 다음에 열심히

CHAPTER 07 내 가방 바꿔줘요! 파일과 폴더 이사하기

이런 것 배워요!
- 폴더 만들기 : 폴더를 직접 만들어 봐요.
- 복사 및 이동하기 : 새롭게 만든 폴더에 파일을 직접 복사 및 이동을 해봐요.

■ 불러올 파일 : [복사와 이동] 폴더   ■ 완성된 파일 : 없음

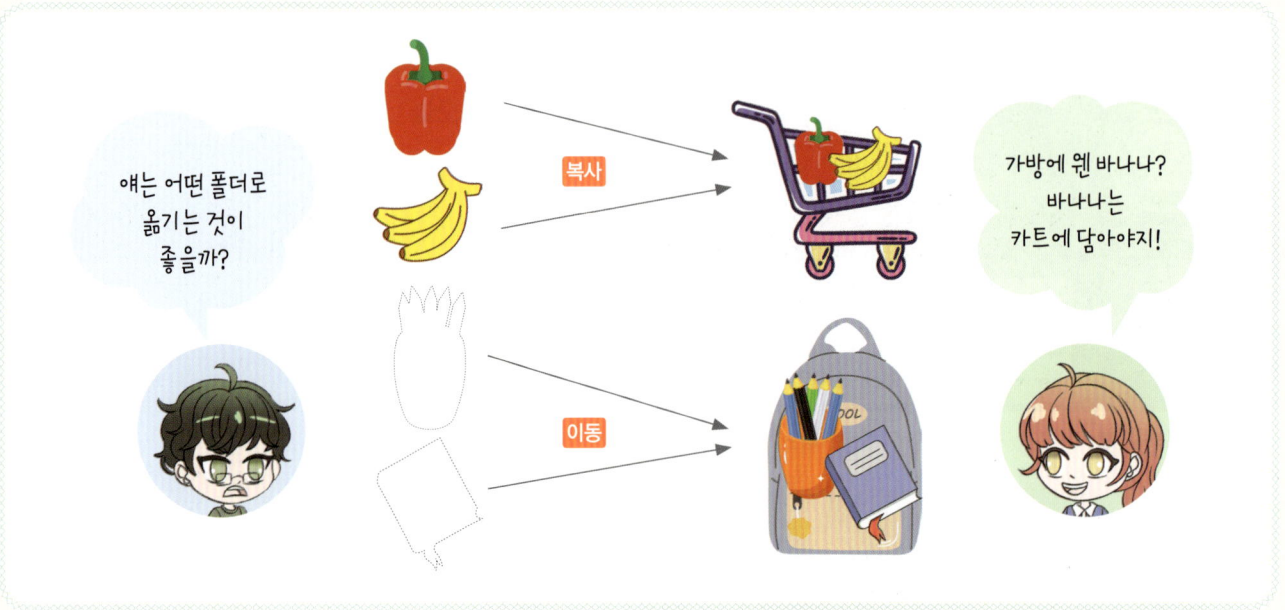

01 폴더는 종류별로 만들어야 정리 정돈을 잘할 수 있어요.

❶ [옷 가방]에는 '옷', [책가방]에는 '책'이 들어가야 헷갈리지 않겠죠. 아래 그림에서 꼭 필요한 것끼리 선으로 연결해 보아요.

02 '파일'을 담을 수 있는 '폴더'를 만들어요.

❶ 컴퓨터에서 파일을 담을 수 있는 폴더를 직접 만들어요.

❷ [바탕화면]에서 마우스 오른쪽 단추를 클릭한 후, [새로 만들기]-[폴더]를 클릭해요. 이어서 [새 폴더] 폴더 이름을 '나의 일기장'으로 바꾸어요.

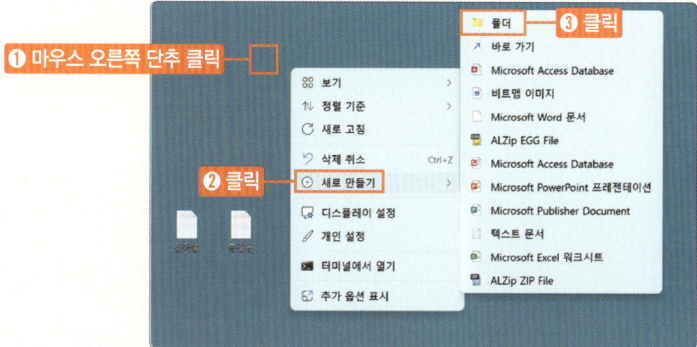
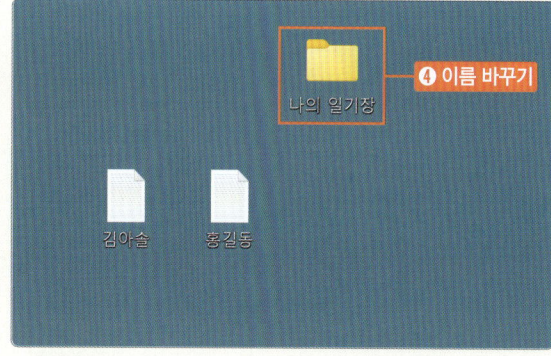

> **TIP 마우스 오른쪽 단추 클릭**
> 마우스 오른쪽 단추를 누르면 일반적으로 팝업 창 형태의 메뉴가 나와요.

> **TIP 이름 바꾸기**
> 파일이나 폴더를 선택한 후, 이름 위에서 다시 한번 클릭하면 이름을 바꿀 수 있어요. 또는 폴더 위에서 마우스 오른쪽 단추를 눌러도 '이름 바꾸기' 메뉴가 나와요.

03 파일을 복사하고 이동해요.

❶ '나의 일기장' 폴더를 파일 옆으로 드래그해서 이동해 보세요.

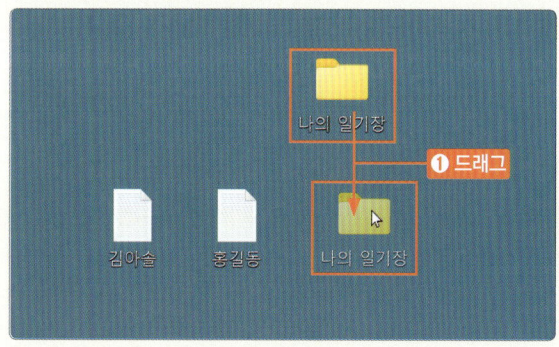
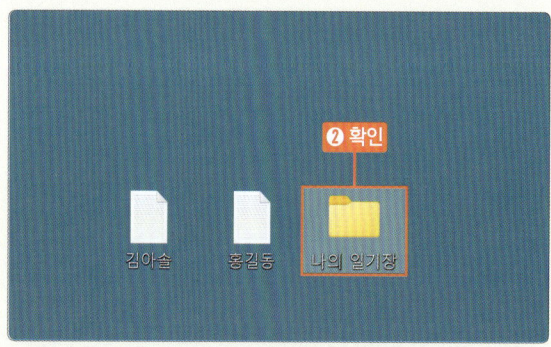

❷ 왼쪽에 있는 파일 한 개를 '나의 일기장' 폴더로 드래그해요.

❸ 파일이 '나의 일기장' 폴더로 이동되어 보이지 않아요. '나의 일기장' 폴더를 더블클릭해서 이동된 파일을 확인해요.

※ 폴더를 더블클릭하면 폴더 안에 있는 파일을 볼 수 있어요.

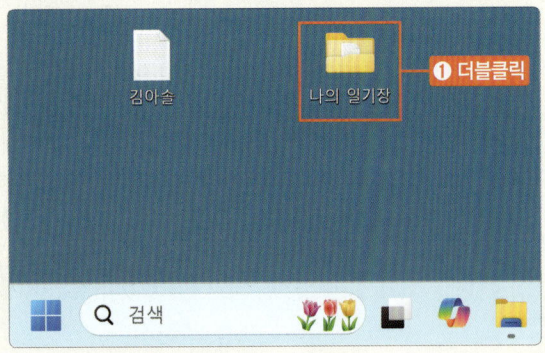

❹ 이젠 마우스 오른쪽 버튼을 이용해서 드래그해 볼까요.

❺ 나머지 파일 하나를 마우스 오른쪽 단추를 이용해서 '나의 일기장' 폴더로 드래그한 후, 팝업 메뉴 에서 '여기에 복사'를 클릭해요.

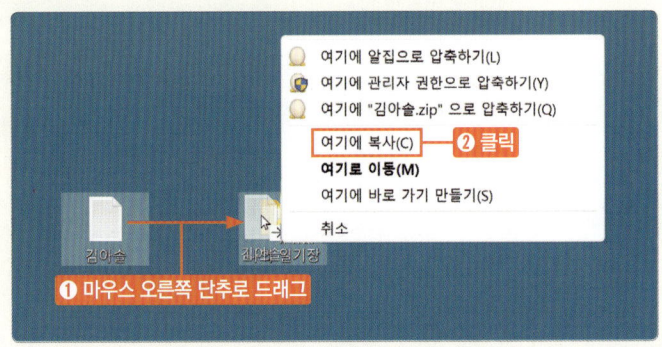

❻ 원본 파일이 없어지지 않고 '나의 일기장'으로 복사 되었어요.

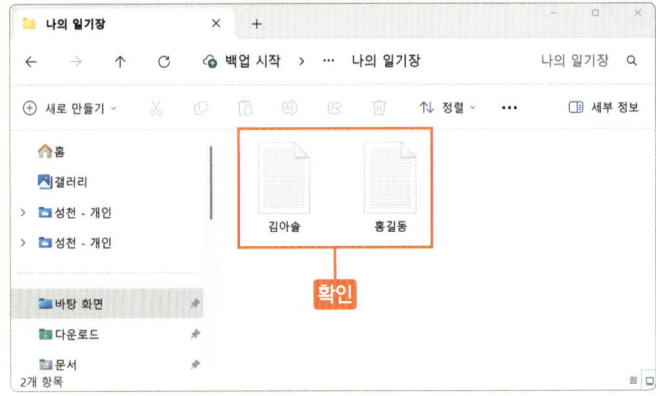

TIP

복사와 이동의 차이점

- **복사** : 원본은 그 자리에 두고 하나 더 만들어(복사) 다른 곳에 붙이는 거예요.
- **이동** : 원본을 다른 곳으로 옮겨 원본 파일이 없어져요.

04 [파일 탐색기]로 파일을 복사하거나 이동을 할 수 있어요.

❶ 작업 표시줄에서 [파일 탐색기]를 클릭해요.

❷ [파일 탐색기]에서 [불러올 파일]-[07차시]-[복사와 이동] 폴더를 더블클릭해요.

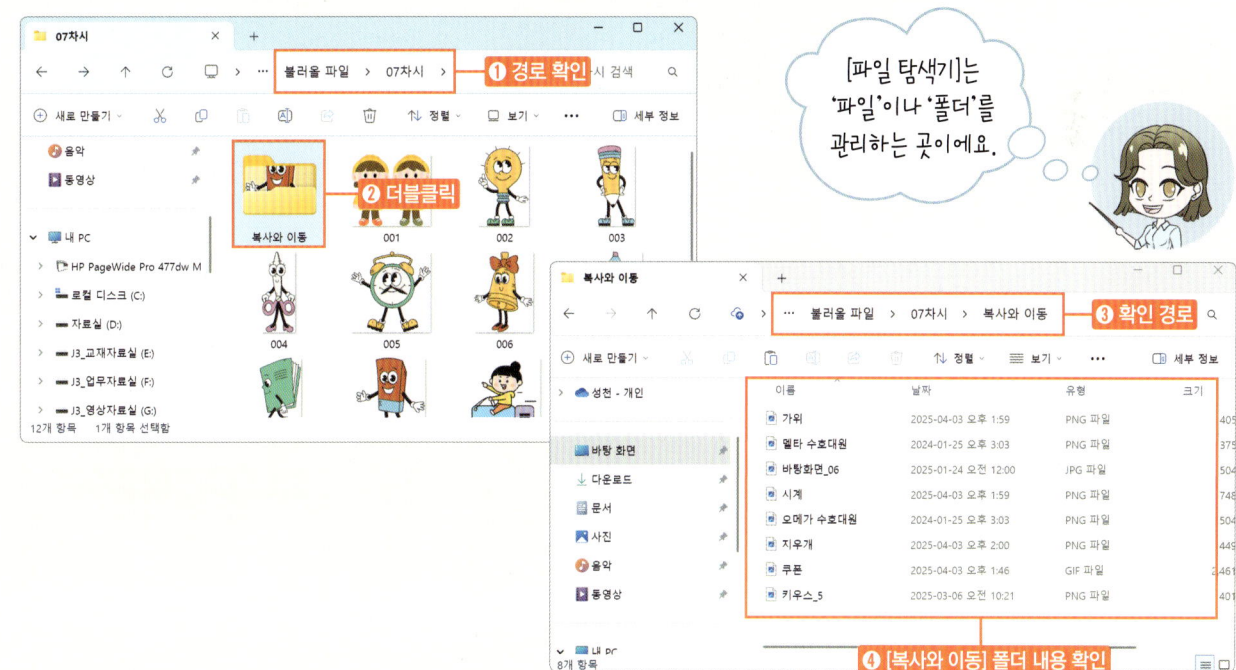

[파일 탐색기]는 '파일'이나 '폴더'를 관리하는 곳이에요.

❸ [보기]-'큰 아이콘'을 클릭하여 파일이 아이콘 형태로 보이도록 해요.

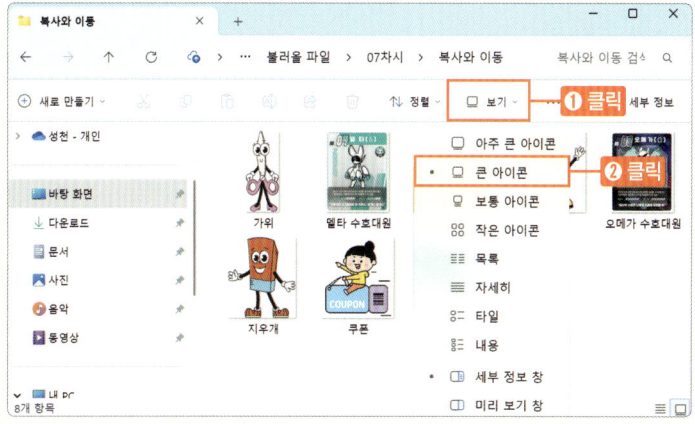

❹ 이제 '가위' 파일을 '나의 일기장' 폴더로 복사해 보아요.

❺ '가위' 파일을 선택한 후, [복사(🗐)] 메뉴를 클릭해요.

❻ 바탕화면에서 '나의 일기장' 폴더를 더블클릭해서 [나의 일기장] 폴더 안으로 이동해요.

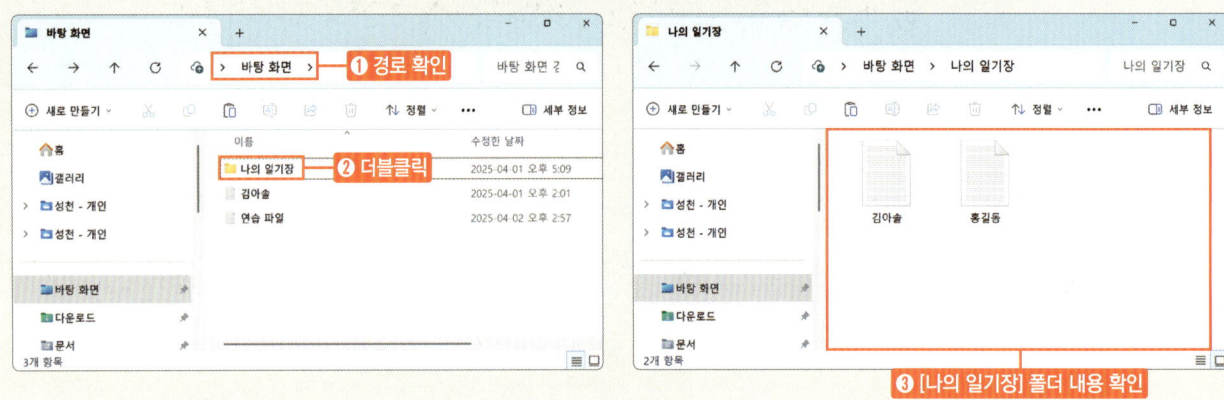

❼ '나의 일기장' 폴더 안에서 [붙여넣기(🗐)] 메뉴를 클릭해요.

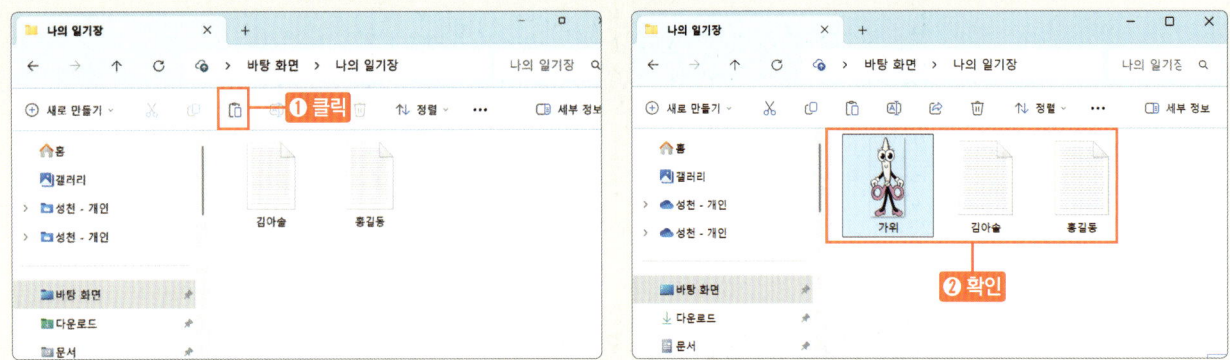

❽ 이제 복사와는 달리 '가위' 원본을 잘라서 '나의 일기장' 안으로 이동을 해 볼까요.

❾ [복사와 이동] 폴더에서 '가위' 파일을 선택한 후, [잘라내기(✂)] 메뉴를 클릭해요.

> **TIP**
> 잘라내기(✂)
> '잘라내기'를 클릭하면 선택한 파일이 조금 어두워져요.

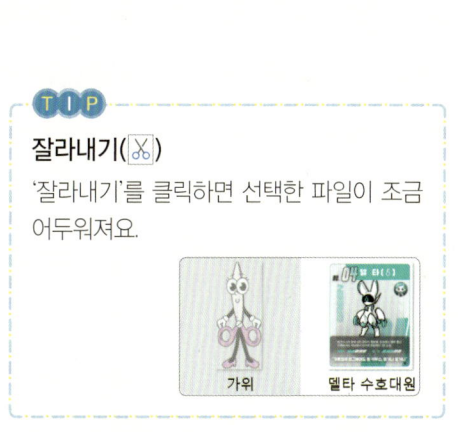
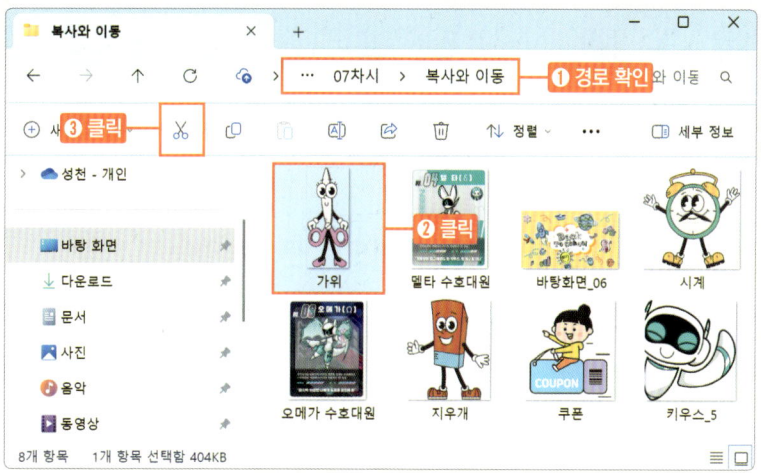

❿ 바탕화면에서 [나의 일기장] 폴더 안으로 이동한 후, [붙여넣기(📋)] 메뉴를 클릭해요.('대상 폴더의 파일 덮어쓰기' 클릭)

> **TIP**
> 같은 파일명이 있으면 물어봐요?
> ■ 덮어쓰기 : 새로운 파일로 바뀜
> ■ 건너뛰기 : 복사나 이동 안 함
> ■ 확인 후 결정 : 파일 비교 후 결정

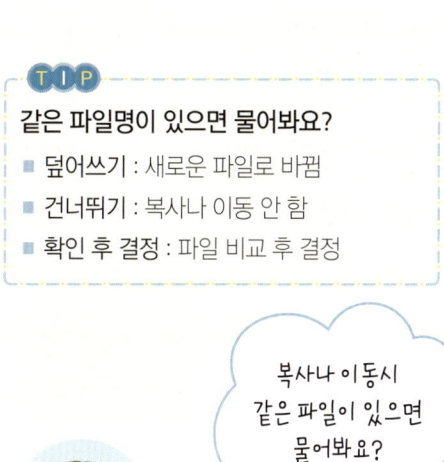
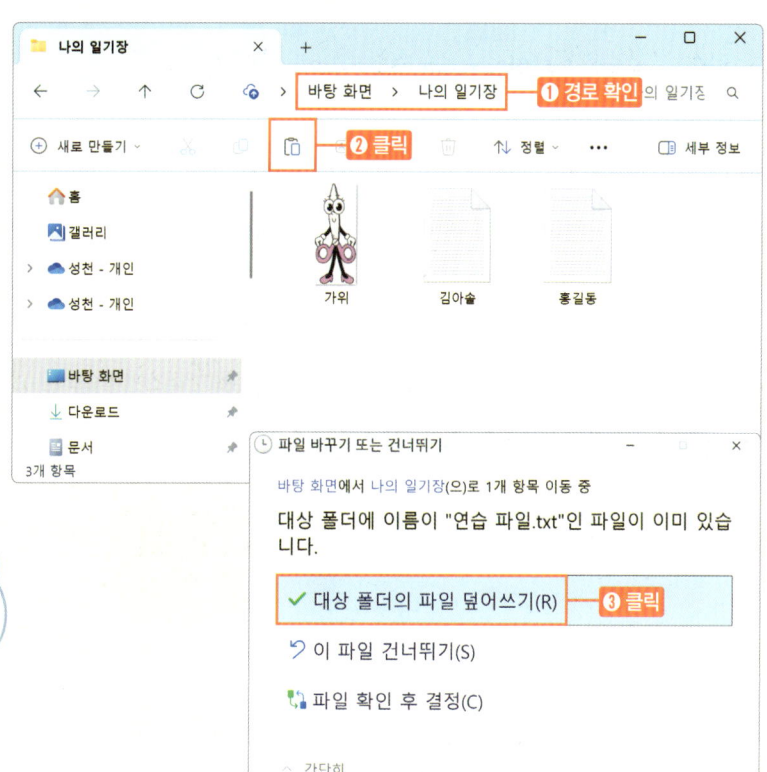

💭 복사나 이동시 같은 파일이 있으면 물어봐요?

⓫ '복사와 이동' 폴더로 이동하면 '나의 일기장' 폴더 안으로 붙여 넣은 '가위' 파일이 이동되어 없어졌어요.

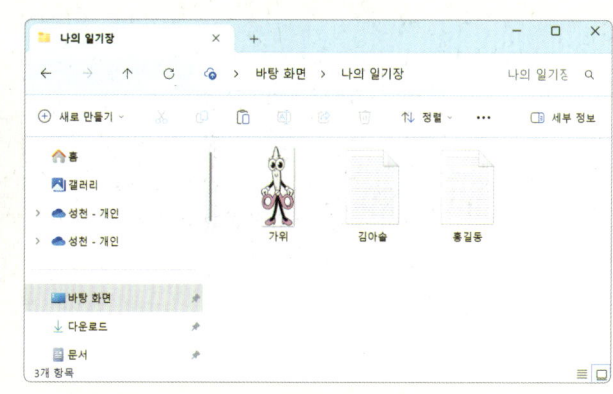

▲ '가위' 파일이 이동되어 없음　　　　▲ '가위' 파일 붙여넣기 완료

CHAPTER 07 스스로 뚝딱뚝딱!

📁 불러올 파일 : '001.png'~'009.png', '010.gif'~'011.gif'　✅ 완성된 파일 : 없음

01 내 맘대로 사고력으로 문제해결능력 UP

● 아래의 캐릭터 그림 파일을 바탕화면에 원하는 폴더를 만들어 복사 및 이동해 볼까요?

● 아래와 같은 폴더를 만들어 복사 및 이동해 보아요.

▲ 파일 복사

▲ 파일 이동

02 K마블 타자 학습 게임으로 K타자왕 도전하기

● 내게 부족한 타자 연습 또는 하고 싶은 타자 게임으로 K타자왕에 도전해 보아요.

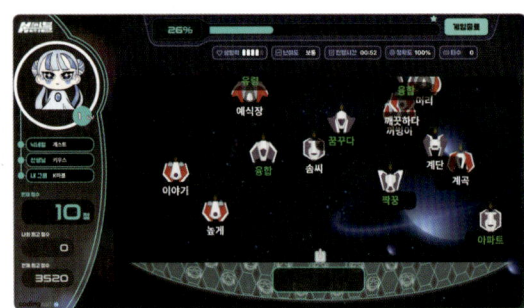

休 알아두면 좋은 컴퓨터 상식

CHAPTER 08 내 맘대로 해결하고 K타자왕을 꿈꾸며

01 나는 누구일까요?

1. 나는 글자와 글자 사이를 띄우기 해요. 키보드에서 키가 가장 커요.

① Ctrl 콘트롤   ② Enter 엔터   ③ Shift 시프트   ④ Space Bar 스페이스바

2. 한글과 영어를 번갈아 입력할 때 내가 필요해요. 나는 키 큰 친구 오른쪽에 있어요.

① 한/영 한영   ② Enter 엔터   ③ Esc 이에스씨   ④ Delete 딜레트

3. 나는 키보드의 위쪽 문자를 입력할 때 꼭 필요해요.

① Ctrl 콘트롤   ② Tab 탭   ③ Shift 시프트   ④ Space Bar 스페이스바

4. 나는 키보드 키가 아니에요. 별명은 '프롬프트'라고도 해요. 글자가 입력되는 위치에서 깜빡거려요.

① 클릭   ② 커서   ③ 프린터   ④ Back Space 백스페이스

5. 나는 커서 오른쪽에 있는 글자를 지워요.

① 한/영 한영   ② Enter 엔터   ③ Esc 이에스씨   ④ Delete 딜레트

지난 세 개의 차시에서 배운 내용으로 스스로 해결해 볼까?

📁 불러올 파일 : [정렬] 폴더

02 배우지 않았지만 힌트만 있으면 이젠 혼자 할 수 있어요.

1. 파일과 폴더를 크기와 날짜별로 정렬해서 가장 큰 파일의 이름과 크기 그리고 가장 최근에 작업한 파일의 이름과 날짜를 적어 보아요.

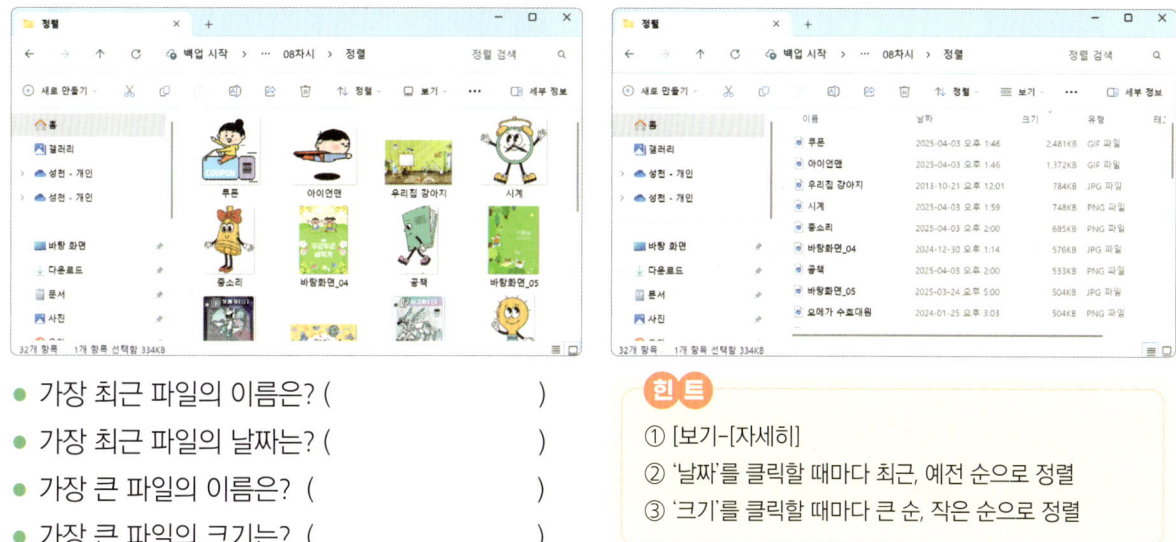

- 가장 최근 파일의 이름은? (   )
- 가장 최근 파일의 날짜는? (   )
- 가장 큰 파일의 이름은? (   )
- 가장 큰 파일의 크기는? (   )

힌트
① [보기]-[자세히]
② '날짜'를 클릭할 때마다 최근, 예전 순으로 정렬
③ '크기'를 클릭할 때마다 큰 순, 작은 순으로 정렬

2. [파일 탐색기]를 실행하여 창 크기를 내 맘대로 바꾸어 봐요.

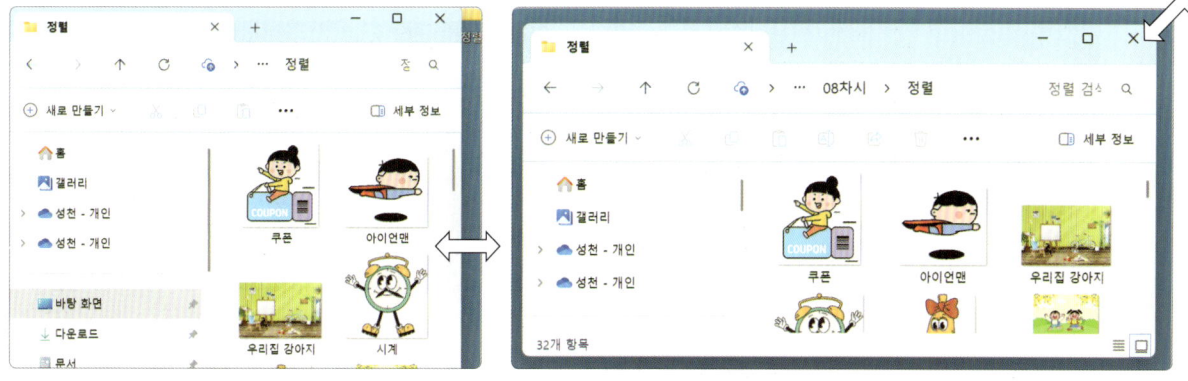

▲ 옆면 드래그로 좌우 크기 조절　　　▲ 대각선 드래그로 좌우상하 크기 조절

힌트
① 실행된 앱의 창 크기는 마음대로 조절할 수 있어요.
② 마우스 포인트를 창 왼쪽, 오른쪽, 위쪽, 아래쪽 모서리 부분과 꼭지점 부분에 가져 놓으면 마우스 포인트가 오른쪽 그림처럼 바뀌어요.
③ 마우스 포인트가 오른쪽 그림처럼 바뀌면 드래그하여 크기를 내 마음대로 바꿀 수 있어요.

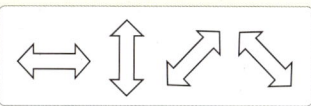

03 [한글 키보드 자리 연습]-[기본 자리]부터 [아랫 자리] 연습으로 K타자왕에 도전해요.

▲ 기본 자리 연습

▲ 윗 자리 연습

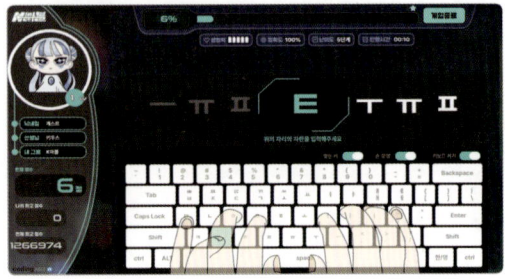
▲ 아랫 자리 연습

'자리 연습'은 K타자왕으로 가는 지름길!

04 [한글 키보드 단어 연습]-[기본 자리 단어 연습]부터 [아랫 자리 단어 연습]으로 K타자왕에 도전해요.

▲ 기본 자리 단어 연습

▲ 윗 자리 단어 연습

▲ 아랫 자리 단어 연습

그리고 두 손가락으로 치지 말고 모든 손가락으로 정확히 연습!

CHAPTER 09 K타자왕을 꿈꾸며 10분 스트레칭

10분 K마블 타자연습으로 잠자는 손가락을 깨워요^^

■ [시프트 자리 연습]과 [시프트 자리 단어 연습]으로 K타자왕에 도전해요.

▲ [한글 키보드 자리 연습]-[시프트 자리 연습]

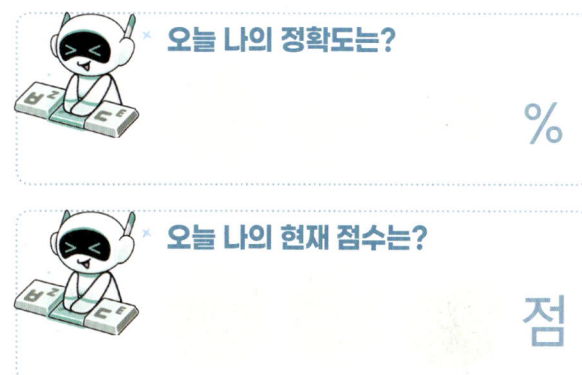

> 오늘 나의 정확도는?
>
> %

> 오늘 나의 현재 점수는?
>
> 점

▲ [한글 키보드 단어 연습]-[시프트 자리 단어 연습]

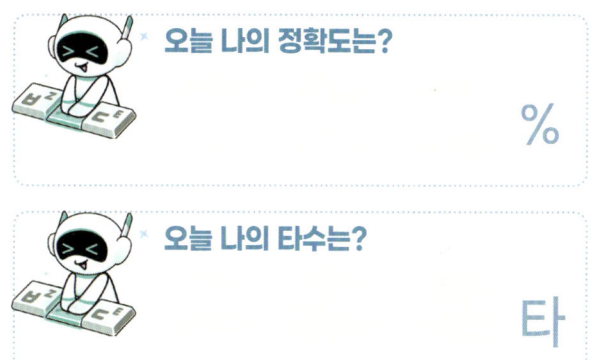

> 오늘 나의 정확도는?
>
> %

> 오늘 나의 타수는?
>
> 타

■ 오늘 연습한 단계에 'O', '△', '×' 표로 성취도를 표시해 보아요.

타자 게임	1단계	2단계	3단계	4단계	5단계	6단계
자리 연습	기본 자리	윗 자리	아랫 자리	시프트 자리	전체 자리	
단어 연습	기본 자리	윗 자리	아랫 자리	시프트 자리	전체 자리	
짧은 글 연습	컴퓨터 코딩	사회, 생활	과학, 탐구	한국사~	속담~	
K마블 본부 수호작전	쉬움	보통	어려움	랭킹		
단어 연상 게임	쉬움	보통	어려움	랭킹		

O : 잘함   □ : 보통   △ : 다음에 열심히

CHAPTER 09 내가 좋아하는 색으로 그림을 완성해요.

- 내 컴퓨터에 새로운 프로그램을 설치해요.
- 색칠로 나의 그림 실력을 뽐내요.

📘 불러올 파일 : 없음   📗 완성된 파일 : 색칠(완성).jpg

01 색칠 공부 앱을 설치해 주세요.

• '마이크로소프트 스토어'라고 읽어요!

❶ [시작]-[Microsoft Store]-'어린이 색칠 공부' 검색-'귀여운 어린이 색칠 공부' 다운로드 및 설치를 해요.

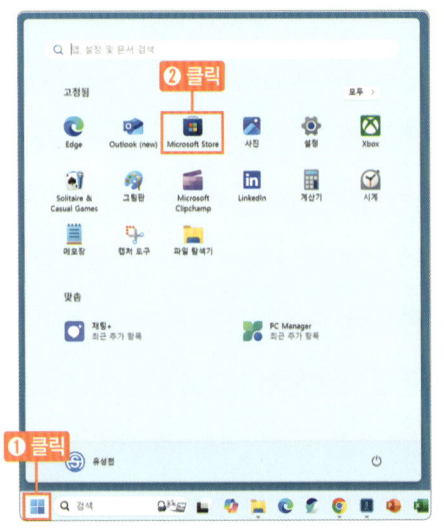
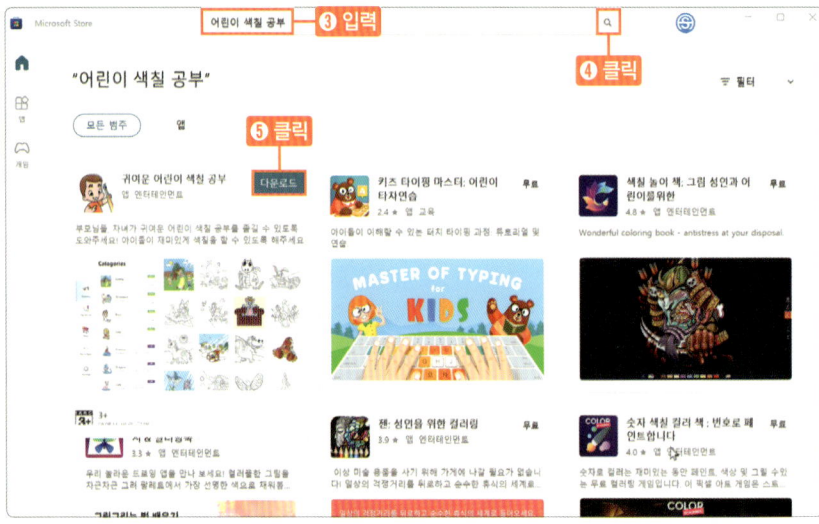

❷ 설치가 완료되면 [Microsoft Store] 창을 종료한 후, [시작]-'색칠 공부' 앱을 클릭해요.

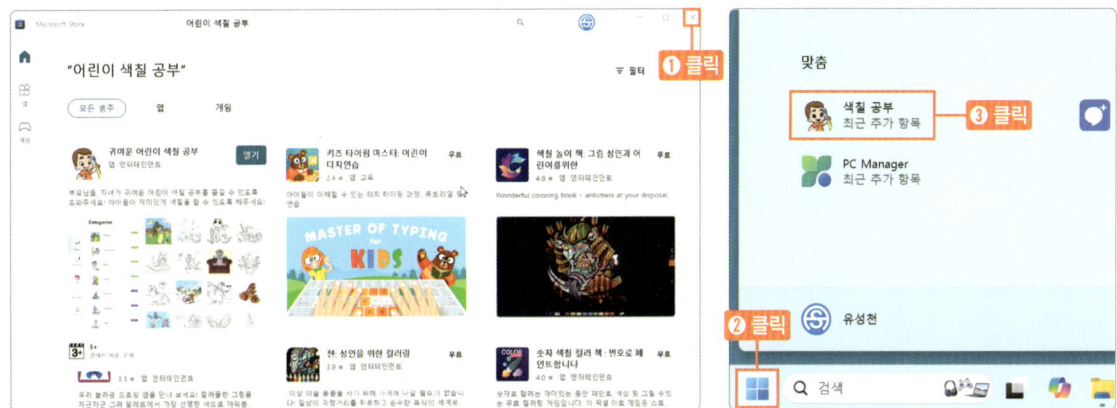

❸ 영어로 나오는 앱을 한글로 바꾸어 봐요. 먼저 'Settings(⚙)'을 클릭한 후, [설정] 창에서 언어를 '한국어'로 변경해요. 이어서 '종료(×)' 단추를 클릭해요.   '셋팅'이라고 읽어요!

 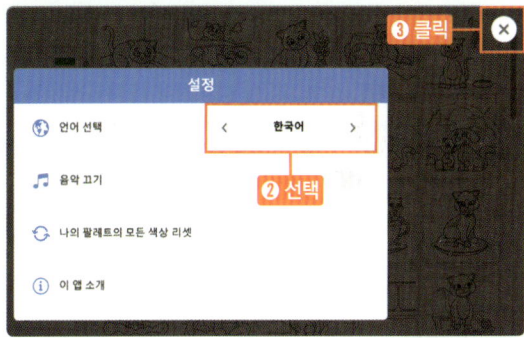

02 ▶ 나는 색칠하기 대장!

❶ 무료 그림 중 '고양이와 강아지' 그림을 클릭해서 선택해요.

09 · 내가 좋아하는 색으로 그림을 완성해요.

❷ 먼저 [색칠 하기] 앱의 기능을 잠깐 확인해 봐요.

❸ 원하는 색을 선택한 후, '구름과 해'를 클릭해서 색을 칠해요.

확대해서 칠하면 편해요.
오른쪽 그림 아래 줌( ) 단추를 오른쪽으로 드래그하면 그림을 확대해서 볼 수 있어요.

❹ 왼쪽 새끼 고양이 색은 '명암( )' 메뉴에 있는 색으로 칠해요.

색 취소
잘 못 칠한 색은 [실행 해제( )] 메뉴를 눌러 방금 칠한 색을 쉽게 지울 수 있어요.

❺ '나의 팔레트'를 클릭한 후, 더하기( ) 단추를 눌러 내가 원하는 색을 만들 수 있어요.

❻ 내가 만든 색으로 오른쪽 강아지 색을 칠해요.

❼ 마지막으로 배경 색을 원하는 색으로 칠해요.

❽ 그림이 완성되면 [완료(✓)] 메뉴를 클릭해서 필터를 추가한 후, 저장해 보아요.

CHAPTER 09 ▸ 스스로 뚝딱뚝딱!

■ 불러올 파일 : 없음   ■ 완성된 파일 : 색칠 뚝딱(완성).jpg

01 내 맘대로 사고력으로 문제해결능력 UP

- '색칠 공부' 앱에서 내가 좋아하는 그림을 불러와 색을 칠하고 바탕화면에 저장해요.

02 K마블 타자 학습 게임으로 K타자왕 도전하기

- 내게 부족한 타자 연습 또는 하고 싶은 타자 게임으로 K타자왕에 도전해 보아요.

 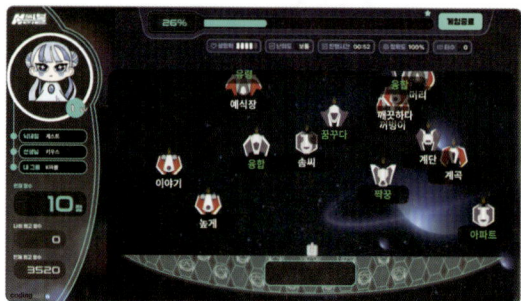

CHAPTER 10 K타자왕을 꿈꾸며 10분 스트레칭

10분 K마블 타자연습으로 잠자는 손가락을 깨워요^^

■ [전체 자리 연습]과 [전체 자리 단어 연습]으로 K타자왕에 도전해요.

▲ [한글 키보드 자리 연습]-[전체 자리 연습]

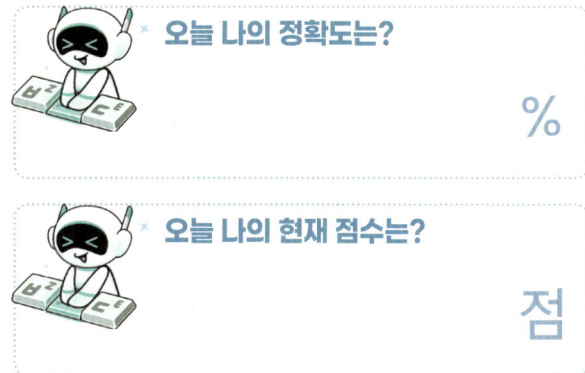

× 오늘 나의 정확도는?

%

× 오늘 나의 현재 점수는?

점

▲ [한글 키보드 단어 연습]-[전체 자리 단어 연습]

× 오늘 나의 정확도는?

%

× 오늘 나의 타수는?

타

■ 오늘 연습한 단계에 'O', '△', '×' 표로 성취도를 표시해 보아요.

타자 게임	1단계	2단계	3단계	4단계	5단계	6단계
자리 연습	기본 자리	윗 자리	아랫 자리	시프트 자리	전체 자리	
단어 연습	기본 자리	윗 자리	아랫 자리	시프트 자리	전체 자리	
짧은 글 연습	컴퓨터 코딩	사회, 생활	과학, 탐구	한국사~	속담~	
K마블 본부 수호작전	쉬움	보통	어려움	랭킹		
단어 연상 게임	쉬움	보통	어려움	랭킹		

O : 잘함   □ : 보통   △ : 다음에 열심히

CHAPTER 10

공간지각력과 기억력 UP

- 퍼즐을 맞추며 공간 능력을 키워요.
- 같은 그림을 맞추며 나의 기억력을 높여요.

■ 불러올 파일 : 없음   ■ 완성된 파일 : 없음

그냥 게임인가? 함 해본 것 같은데…

퍼즐 학습게임은 공간지각력과 기억력에 최고야!

01 어린이 퍼즐 앱을 설치요.

'마이크로소프트 스토어'라고 읽어요!

❶ [시작]-[Microsoft Store]-'어린이 퍼즐' 검색-'어린이 동물 직소 퍼즐 모양 게임' 다운로드 및 설치를 해요.

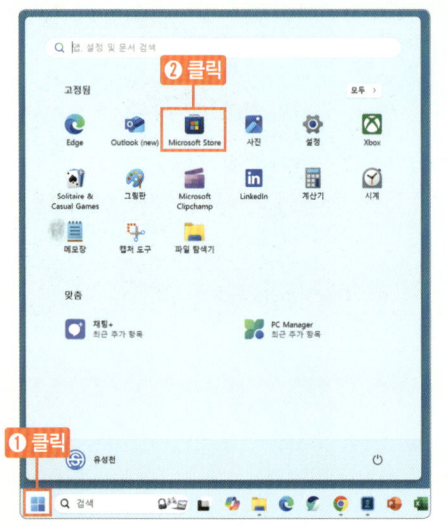

❷ 설치가 완료되면 [Microsoft Store] 창을 종료한 후, [시작]-'어린이 동물 직소 퍼즐' 앱을 클릭해요.

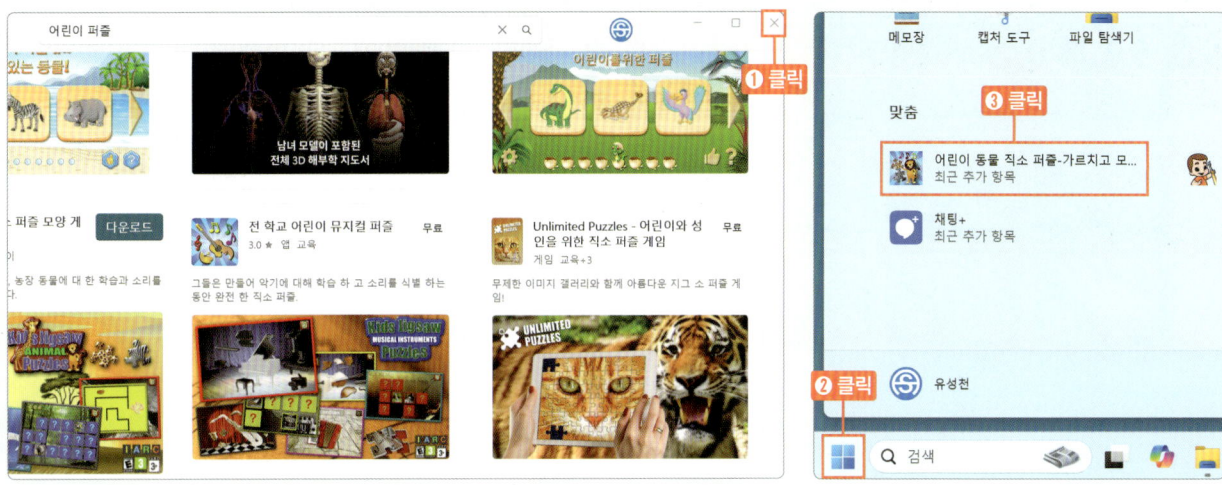

02 '쉬운' 퍼즐 게임으로 나의 '공간지각력' 테스트?

❶ '플레이'를 클릭한 후, '쉬운' 퍼즐 게임을 클릭해요.

❷ '젖소' 퍼즐을 클릭한 후, 드래그하여 퍼즐을 완성 후 '나가기 단추'를 클릭해요.

❸ '치타' 퍼즐을 클릭하여 퍼즐을 완성해요.

'업'이라고 읽고 능력을 높인다는 뜻이에요.

03 ▶ 여러 가지 퍼즐 게임으로 나의 '공간지각력' UP

❶ 퍼즐 게임 중 '중간' 게임을 클릭한 후, 조금 어려운 퍼즐 게임을 도전해 볼까요.

❷ 퍼즐 게임 중 '하드' 게임을 클릭한 후, 어려운 퍼즐도 도전해 보아요.

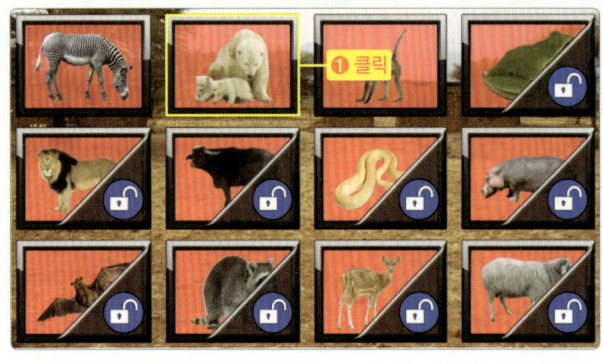

04 판 뒤집기 게임으로 '기억력' UP

❶ 이제 기억력을 좋게 하는 그림 맞추기 게임을 해 볼까요.

❷ 퍼즐 게임 중 '쌍' 게임을 클릭한 후, 첫 번째 게임을 클릭해요.

❸ 그림을 하나씩 클릭하면 판이 뒤집어 지면서 그림이 보여요. 같은 그림 두 개를 클릭하면 그림이 지워지는 게임이에요.

❹ 같은 그림을 찾아 클릭하여 지워나가 보아요.

05 잃어버린 길을 찾아서 빠져나와요.

❶ 퍼즐 게임 중 '미로' 게임을 클릭한 후, 첫 번째 게임을 클릭해요.

❷ 어떤 길로 나갈까요? 원하는 곳을 클릭하면 동물들이 미로를 빠져나갈 수 있어요.

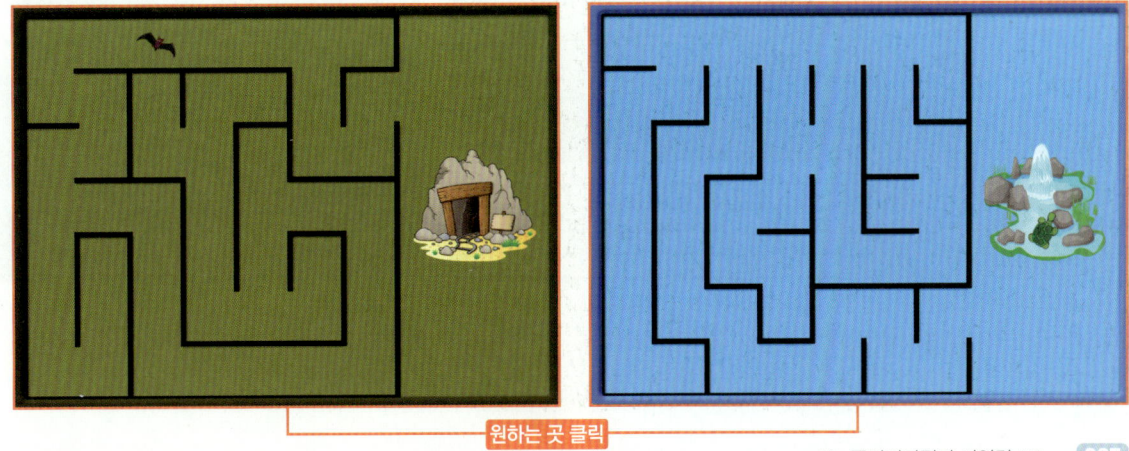

CHAPTER 10 스스로 뚝딱뚝딱!

01 내 맘대로 사고력으로 문제해결능력 UP

- '퍼즐 게임' 앱에서 아래와 같은 퍼즐을 완성해 보아요.

02 K마블 타자 학습 게임으로 K타자왕 도전하기

- 내게 부족한 타자 연습 또는 하고 싶은 타자 게임으로 K타자왕에 도전해 보아요.

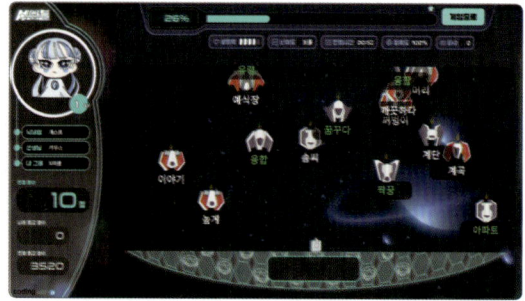

CHAPTER 11 K타자왕을 꿈꾸며 10분 스트레칭

10분 K마블 타자연습으로 잠자는 손가락을 깨워요^^

■ [전체 자리 연습]과 [전체 자리 단어 연습]으로 K타자왕에 도전해요.

▲ [한글 키보드 자리 연습]-[전체 자리 연습]

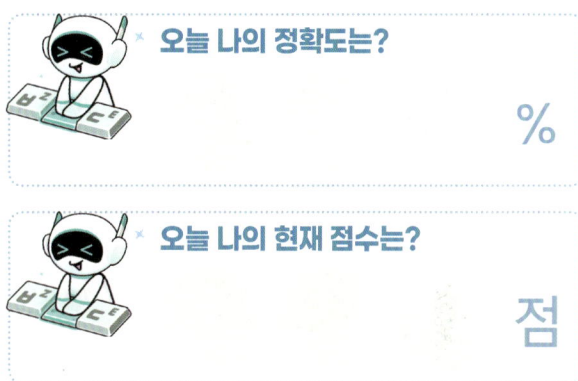

- 오늘 나의 정확도는? %
- 오늘 나의 현재 점수는? 점

▲ [한글 키보드 단어 연습]-[전체 자리 단어 연습]

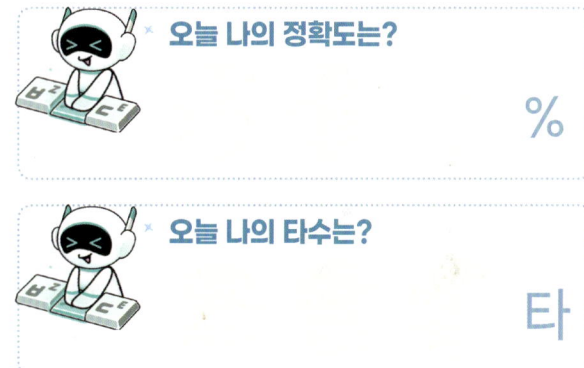

- 오늘 나의 정확도는? %
- 오늘 나의 타수는? 타

■ 오늘 연습한 단계에 'O', '△', '×' 표로 성취도를 표시해 보아요.

타자 게임	1단계	2단계	3단계	4단계	5단계	6단계
자리 연습	기본 자리	윗 자리	아랫 자리	시프트 자리	전체 자리	
단어 연습	기본 자리	윗 자리	아랫 자리	시프트 자리	전체 자리	
짧은 글 연습	컴퓨터 코딩	사회, 생활	과학, 탐구	한국사~	속담~	
K마블 본부 수호작전	쉬움	보통	어려움	랭킹		
단어 연상 게임	쉬움	보통	어려움	랭킹		

O : 잘함   □ : 보통   △ : 다음에 열심히

CHAPTER 11

사진 편집은 그림판으로도 할 수 있어요.

- 사진 속 배경을 바꾸거나 친구를 추가해 보아요.
- 사진 속 배경과 사람을 AI가 생성형 지우개로 쉽게 삭제할 수 있어요.

📁 불러올 파일 : '바다.jpg', '겨울.jpg' ✅ 완성된 파일 : 없음

내 사진 속에 친구를 추가할 수 있을까?

할 수 있지! 얼마든지 쉽게 사진을 편집할 수도 있어!

01 사진에 있는 친구를 사라지게 할 수 있어요.

❶ 그림판을 클릭해서 실행한 후, [파일]-[열기]를 클릭해요.

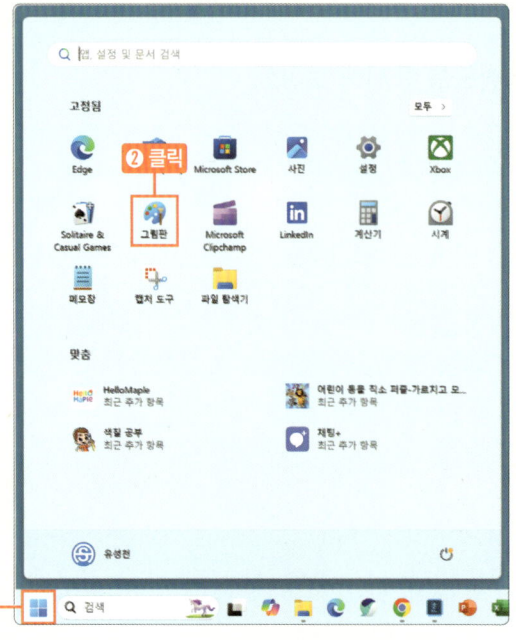
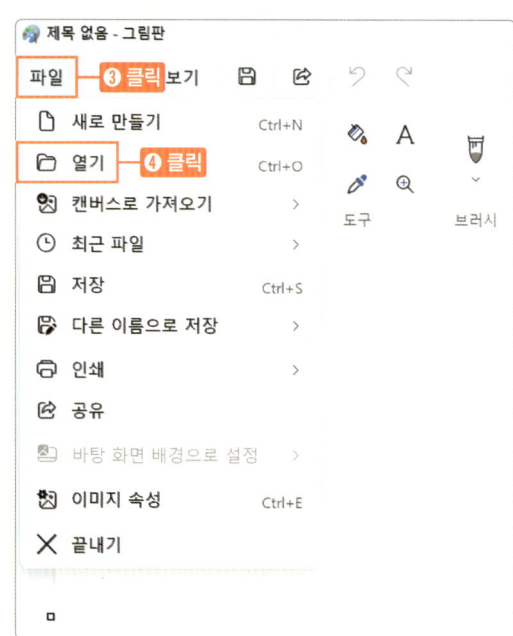

❷ [파일 탐색기] 창에서 '바다' 그림 파일을 불러와요.

❸ [선택]-[자유 형식]을 클릭한 후, 친구와 강아지 주변을 드래그하여 선택해요.

❹ 선택한 그림 아래쪽에 '생성형 지우기'를 클릭해요.면 AI가 자동으로 선택한 곳을 지우고 주변 그림과 같은 것으로 채워줘요.

02 사진에 있는 배경을 삭제하고 다른 그림에 붙여봐요.

❶ 실행 취소(↶) 메뉴를 클릭해서 지워진 그림을 다시 나오도록 해요.

❷ '배경 제거' 메뉴를 클릭하면 조금 전과 반대로 친구와 강아지 외에는 삭제돼요.

❸ '레이어' 메뉴를 클릭한 후, '새 레이어 만들기(⊕)' 단추를 클릭하여 레이어를 추가해요.

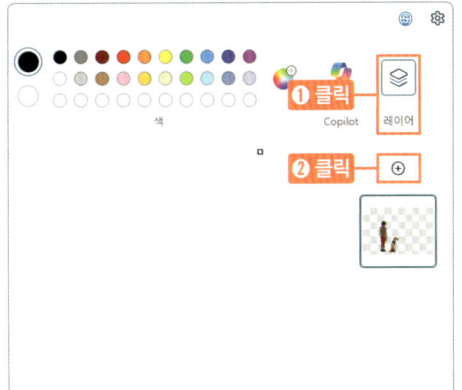 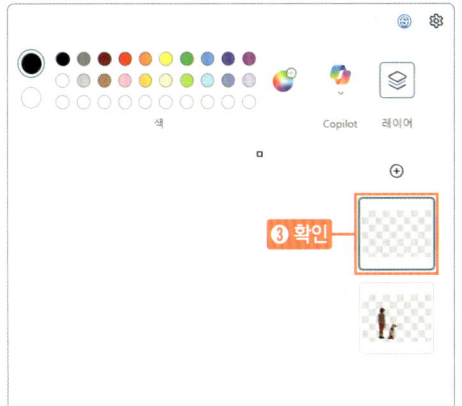

> **TIP**
> **레이어?**
> 레이어란 그림을 그릴 수 있는 종이 같은 거예요. 근데 종이가 투명해서 뒤에 있는 그림이 보여요. 그래서 여러 종이(레이어)에 있는 그림을 겹치게 해서 볼 수 있을 때 사용되는 거예요.

❹ [파일]-[캔버스로 가져오기]-[파일에서]를 클릭한 후, [파일 탐색기] 창에서 '겨울' 그림 파일을 선택해요. 이어서 <열기> 단추를 클릭하여 새로운 레이어로 불러와요.

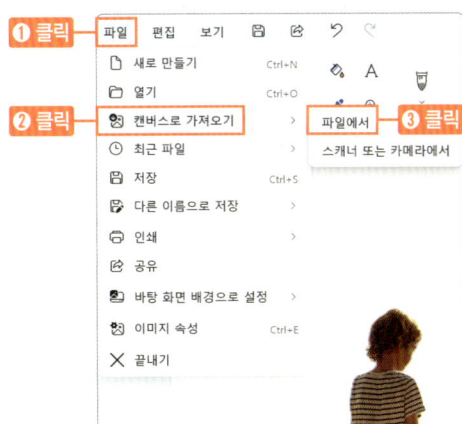 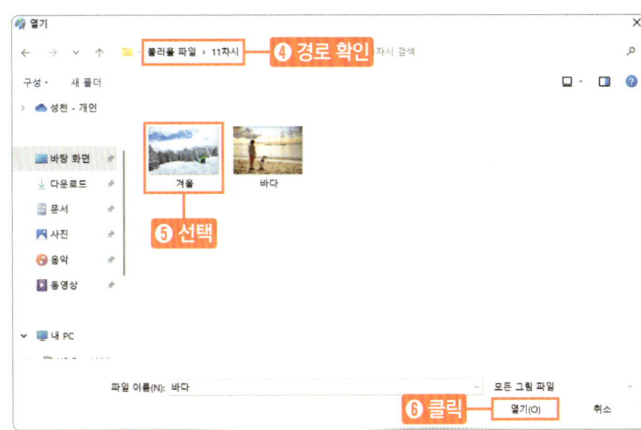

❺ '겨울' 사진이 있는 위쪽 레이어를 친구와 강아지가 있는 그림 아래쪽으로 드래그하여 이동해요.

❻ 바닷가 사진에서 눈이 덮인 산으로 배경이 바뀌면서 친구가 추가 되었어요.

CHAPTER 11 스스로 뚝딱뚝딱!

■ 불러올 파일 : '내 동생.jpg', '내 강아지'.jpg   ■ 완성된 파일 : '내 동생 뚝딱(완성).jpg

01 내 맘대로 사고력으로 문제해결능력 UP

- 내 동생과 찍은 사진 속에 예쁜 강아지를 추가해 보아요.

힌트
① '내 동생' 사진을 불러와요.
② 새로운 레이어를 추가해요.
③ 추가한 새로운 레이어에 내 강아지 사진을 불러와요.
④ 내 강아지 사진의 배경을 지워요.
⑤ 내 강아지 사진의 꼭지점을 드래그하여 크기를 줄여요.
⑥ 내 강아지 사진을 원하는 곳으로 드래그하여 이동해요.
⑦ 사진을 바탕화면에 자신의 이름으로 저장해요.

02 학습 게임으로 타자왕 도전하기

- 내게 부족한 타자 연습 또는 하고 싶은 타자 게임으로 타자왕에 도전해 보아요.

 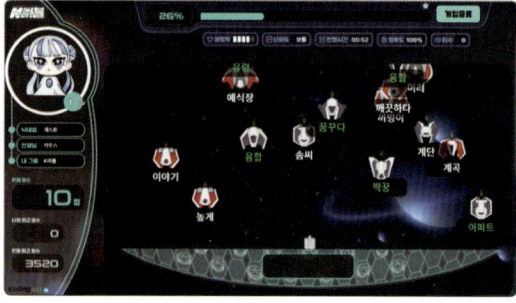

· MEMO ·

CHAPTER 12 · 내 맘대로 해결하고 K타자왕을 꿈꾸며

01 영어 마우스 게임

1. 타자 연습에는 우리 한글 외에도 영어 타자도 있어요. 어떻게 연습하는지 체험해 보아요.

   ① [마우스 & 키보드 학습게임]-[마우스 학습게임]-[알파벳 클릭하기]-[지금 시작하기]-[시작하기]를 클릭해요.

    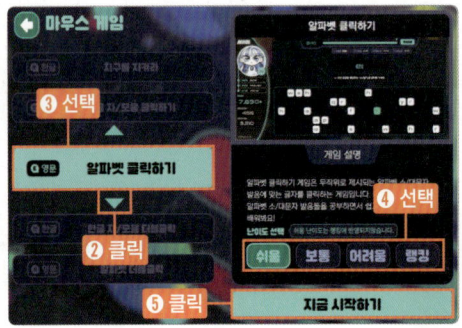 

   ② 전광판에 해당하는 알파벳을 클릭해요.

   ③ 영어 알파벳을 모르면 '맞는키(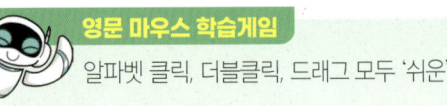)'를 클릭하여 쉽게 찾을 수 있어요.

   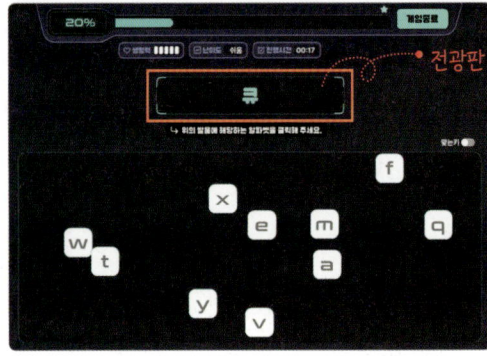

   영문 마우스 학습게임
   알파벳 클릭, 더블클릭, 드래그 모두 '쉬운' 난이도만 연습해요.

02 영어 키보드 게임

① [마우스 & 키보드 학습게임]-[키보드 학습게임]-[영어 키보드 자리 연습]-[기본 자리 연습]-[지금 시작하기]-[시작하기]를 클릭해요.

  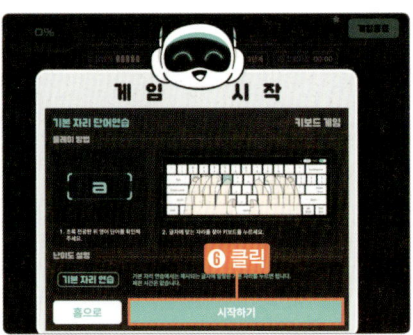

❷ 전광판에 해당하는 영어 알파벳을 눌러 보아요.

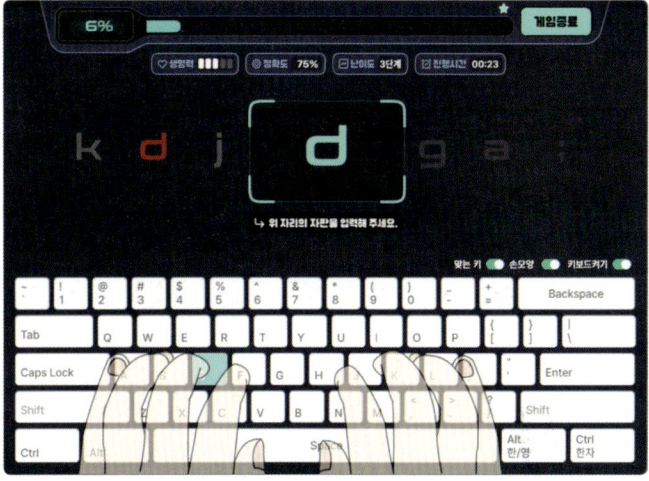

영문 마우스 학습게임
자리 연습을 '쉬운' 난이도만 연습해요.

 영어 게임으로 'E타자왕'에 도전해요.

❶ 영어 알파벳 마우스 연습하기
- 한글 마우스 연습과 같아요. 전광판 지시한 영어 알파벳을 연습해요.

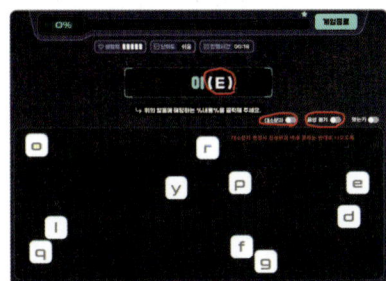
▲ 알파벳 클릭(난이도 : 보통)

▲ 알파벳 더블클릭(난이도 : 보통)

▲ 알파벳 드래그(난이도 : 보통)

❷ 영어 알파벳 키보드 연습하기

▲ 기본 자리 + 윗 자리 연습

▲ 아랫 자리 + 시프트 자리 연습

▲ 전체 자리 연습

MEMO

CHAPTER 13 K타자왕을 꿈꾸며 10분 스트레칭

10분 K마블 타자연습으로 잠자는 손가락을 깨워요^^

■ [전체 자리 연습]과 [단어 연습]으로 K타자왕에 도전해요.

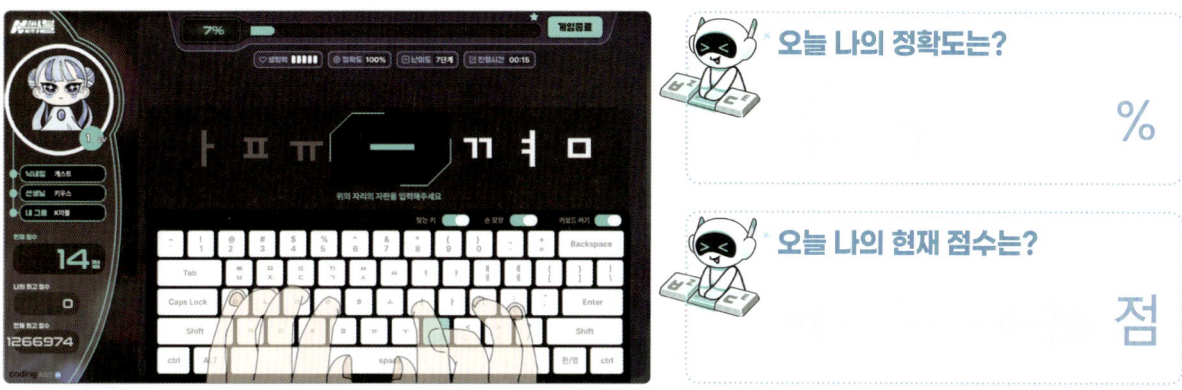

▲ [한글 키보드 자리 연습]-[전체 자리 연습]

오늘 나의 정확도는?

　%

오늘 나의 현재 점수는?

　점

▲ [한글 키보드 단어 연습]-[컴퓨터 단어 연습]

오늘 나의 정확도는?

　%

오늘 나의 타수는?

　타

■ 오늘 연습한 단계에 'O', '△', 'X' 표로 성취도를 표시해 보아요.

타자 게임	1단계	2단계	3단계	4단계	5단계	6단계
자리 연습	기본 자리	윗 자리	아랫 자리	시프트 자리	전체 자리	
단어 연습	기본 자리	윗 자리	아랫 자리	시프트 자리	전체 자리	컴퓨터 단어
짧은 글 연습	컴퓨터 코딩	사회, 생활	과학, 탐구	한국사~	속담~	
K마블 본부 수호작전	쉬움	보통	어려움	랭킹		
단어 연상 게임	쉬움	보통	어려움	랭킹		

O : 잘함   □ : 보통   △ : 다음에 열심히

CHAPTER 13 집에서 학교까지는 얼마나 가야 돼?

- 처음 만나는 인터넷 세상에서 우리 집과 학교를 찾아보아요.
- 우리 집에서 학교까지 걸어서 얼마나 걸리는지 확인해요.

■ 불러올 파일 : 없음   ■ 완성된 파일 : 없음

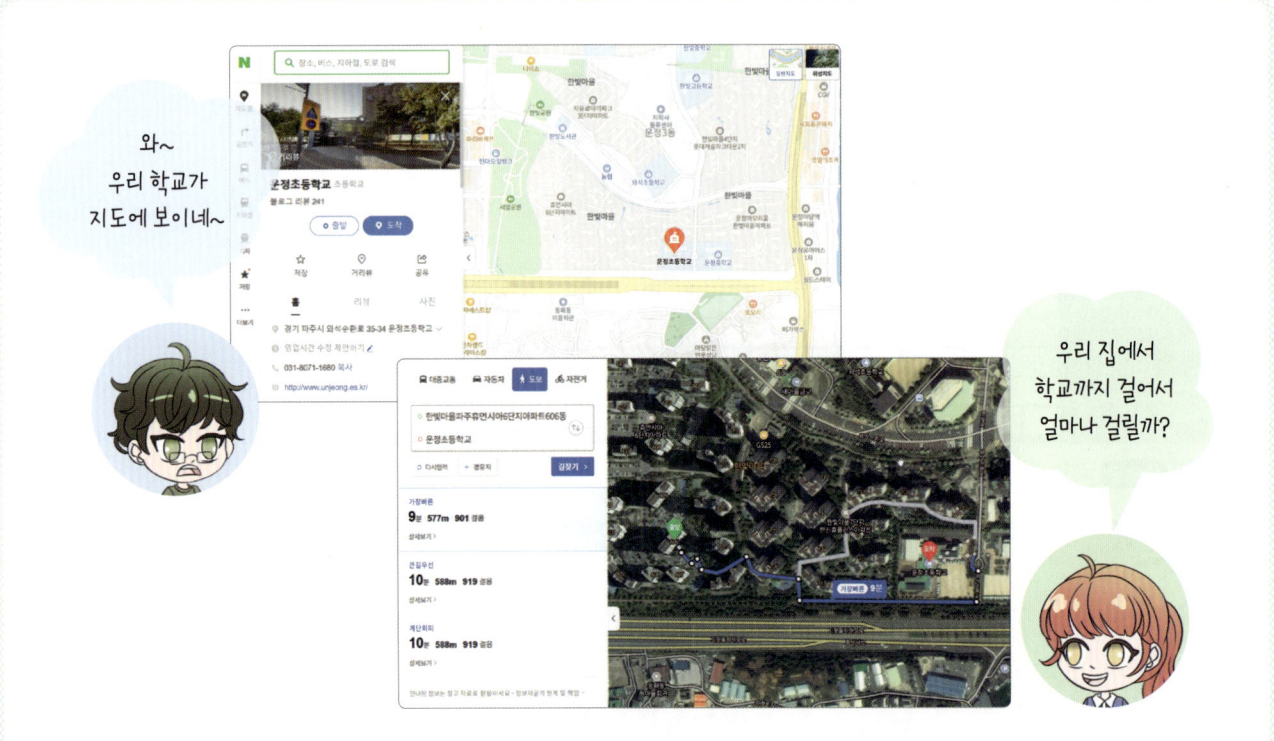

와~ 우리 학교가 지도에 보이네~

우리 집에서 학교까지 걸어서 얼마나 걸릴까?

01 우리 학교 홈페이지가 뭐예요?

① 홈페이지란 인터넷에서 무언가를 소개하고 알리기 위한 공간이에요.

② 크롬을 실행한 후, 검색창에 '네이버'를 입력한 후, Enter 키를 누르고 '네이버'를 클릭해요.

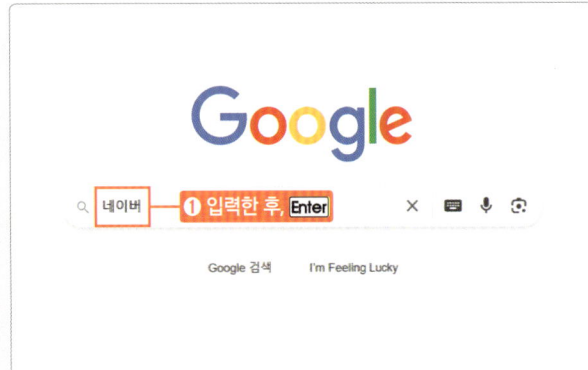

❸ '네이버' 검색창에서 우리 학교 이름을 입력한 후, 검색 단추(🔍)를 눌러요.

❹ 검색한 내용 중 [공식홈] 단추를 눌러요.

❺ 우리 학교 홈페이지가 나오면 여기저기 클릭하여 구경해 보아요.

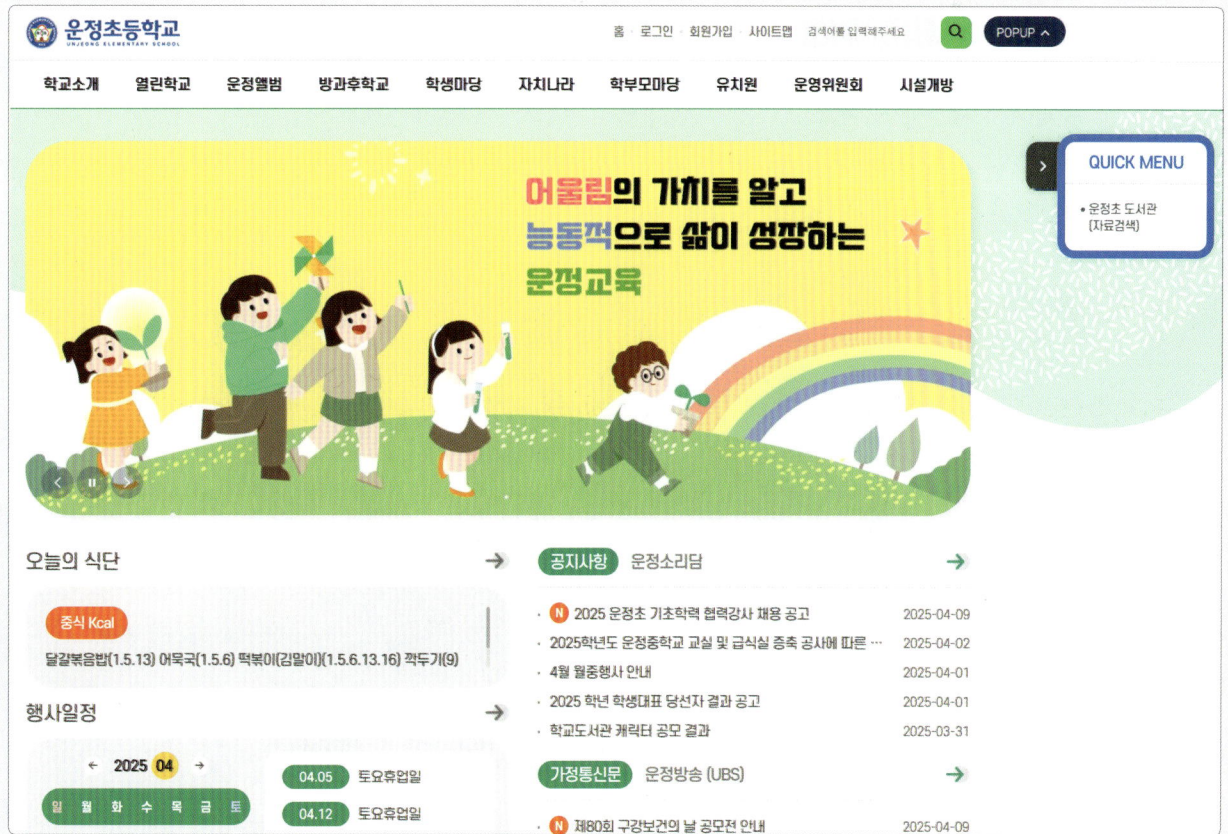

우리 집과 우리 학교는 걸어서 얼마나 걸릴까요?

❶ 네이버에서 우리 학교를 다시 검색한 후, 그림에서 지도를 클릭하면 큰 지도에서 우리 학교를 볼 수 있어요.

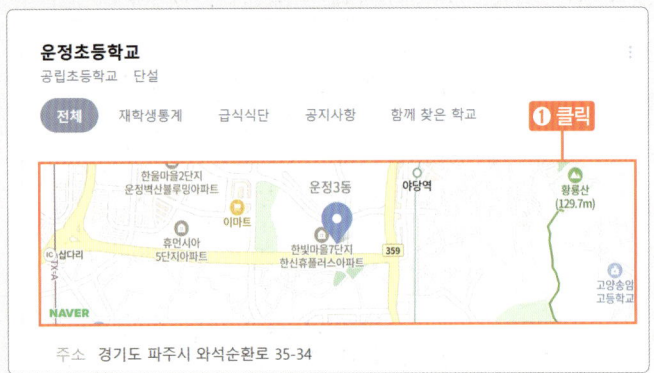

❷ 거리뷰를 클릭하면 사진을 보듯이 확인을 할 수 있어요. 드래그와 클릭으로 학교 주변을 확인해요.

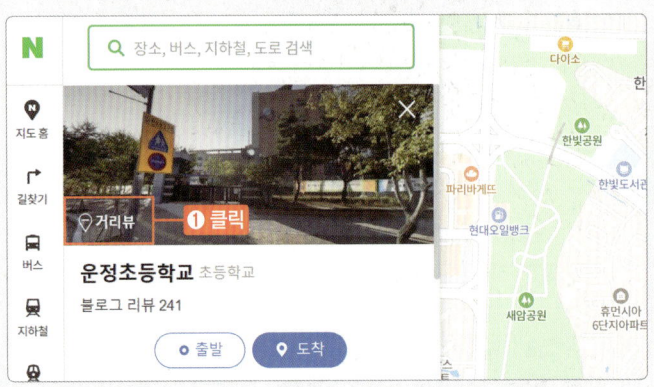

❸ 이제 우리 집은 어디에 있는지 확인해 볼까요? 우리 집 주소 또는 지도에서 직접 찾아보아요. 이번엔 위성 지도를 클릭해서 확인해 보아요.

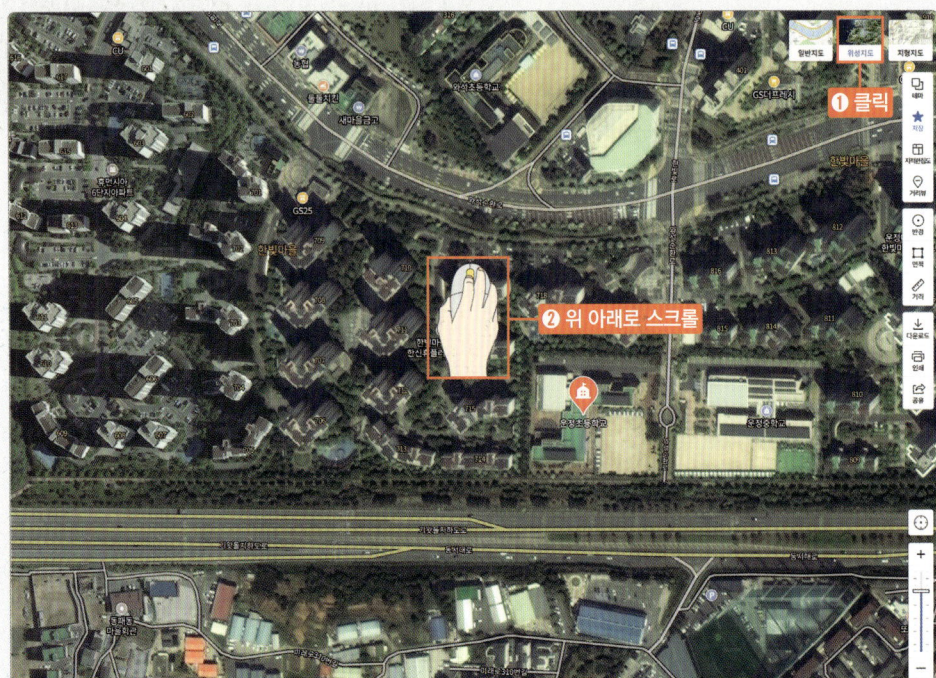

TIP
지도 크게 보기
마우스 스크롤을 위로 아래로 돌리면 지도가 크게 또는 작게 보여요.

❹ 우리 집 위에서 마우스를 가져다 놓거나 마우스 오른쪽 단추를 눌러 '이 위치의 주소는?'을 클릭하면 주소를 알 수 있어요. 아래 빈칸에 우리 집 주소를 적어 볼까요.

우리집 주소

❺ 우리 집과 학교 사이의 거리는? 그리고 걸어서 얼마나 걸릴까요?

▲ 우리집 위에 마우스 가져 감

▲ 우리 학교 위에 마우스 가져 감

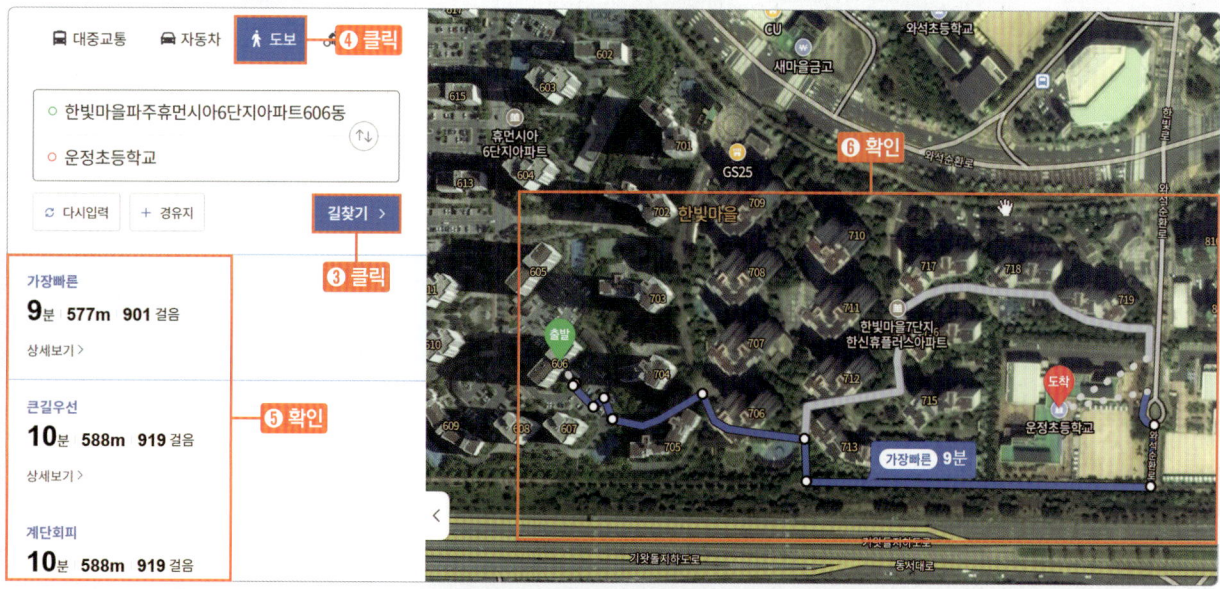

CHAPTER 13 스스로 뚝딱뚝딱!

문제해결능력

01 내 맘대로 사고력으로 문제해결능력 UP

- 우리 학교 주변에 맛집을 찾아 이름과 내가 좋아하는 음식을 적어 보아요.

- 우리 학교에서 부산 해운대까지 거리와 자동차로 얼마나 걸릴까요?

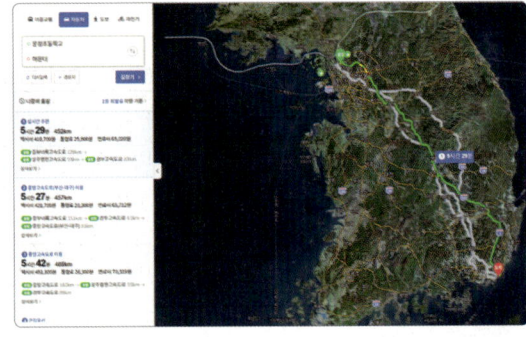

02 K마블 타자 학습 게임으로 K타자왕 도전하기

- 내게 부족한 타자 연습 또는 하고 싶은 타자 게임으로 K타자왕에 도전해 보아요.

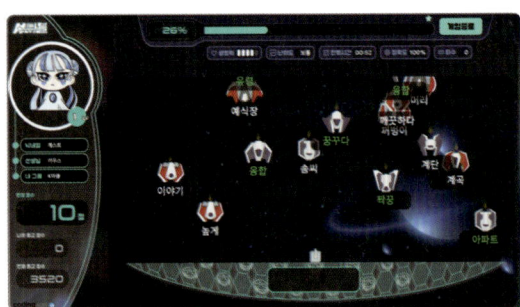

CHAPTER 14. K타자왕을 꿈꾸며 10분 스트레칭

10분 K마블 타자연습으로 잠자는 손가락을 깨워요^^

■ [전체 자리 연습]과 [단어 연습]으로 K타자왕에 도전해요.

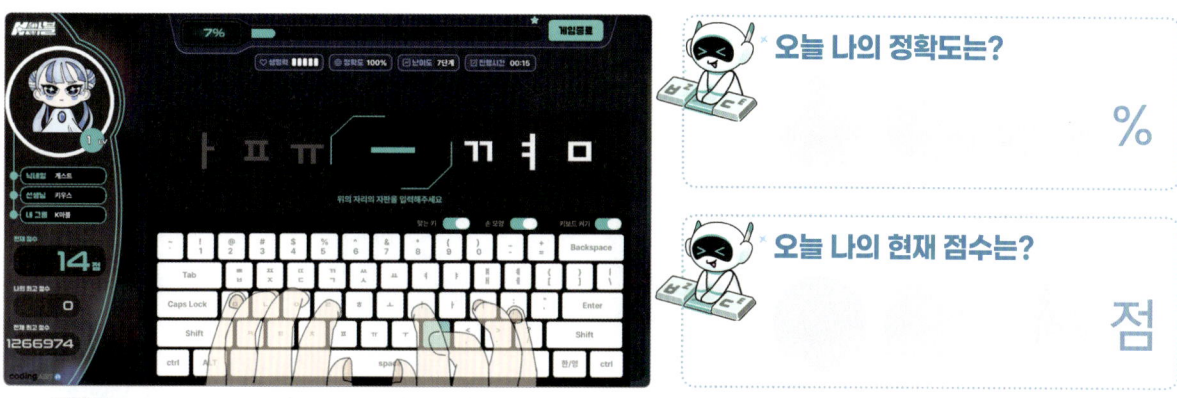

▲ [한글 키보드 자리 연습]-[전체 자리 연습]

* 오늘 나의 정확도는? %
* 오늘 나의 현재 점수는? 점

▲ [한글 키보드 단어 연습]-[과학, 탐구 단어 연습]

* 오늘 나의 정확도는? %
* 오늘 나의 타수는? 타

■ 오늘 연습한 단계에 'O', '△', 'X' 표로 성취도를 표시해 보아요.

타자 게임	1단계	2단계	3단계	4단계	5단계	6단계
자리 연습	기본 자리	윗 자리	아랫 자리	시프트 자리	전체 자리	
단어 연습	기본 자리	윗 자리	아랫 자리	시프트 자리	전체 자리	
짧은 글 연습	컴퓨터 코딩	사회, 생활	과학, 탐구	한국사~	속담~	
K마블 본부 수호작전	쉬움	보통	어려움	랭킹		
단어 연상 게임	쉬움	보통	어려움	랭킹		

O : 잘함 □ : 보통 △ : 다음에 열심히

CHAPTER 14 혼자서 세계여행을 갈 수 있다고?

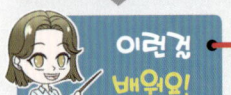
- 인터넷으로 세계 여러 곳을 여행해 보아요.
- 오늘은 '에펠탑'이 있는 '프랑스 파리'로 여행을 떠나보아요.

■ 불러올 파일 : 없음   ■ 완성된 파일 : 없음

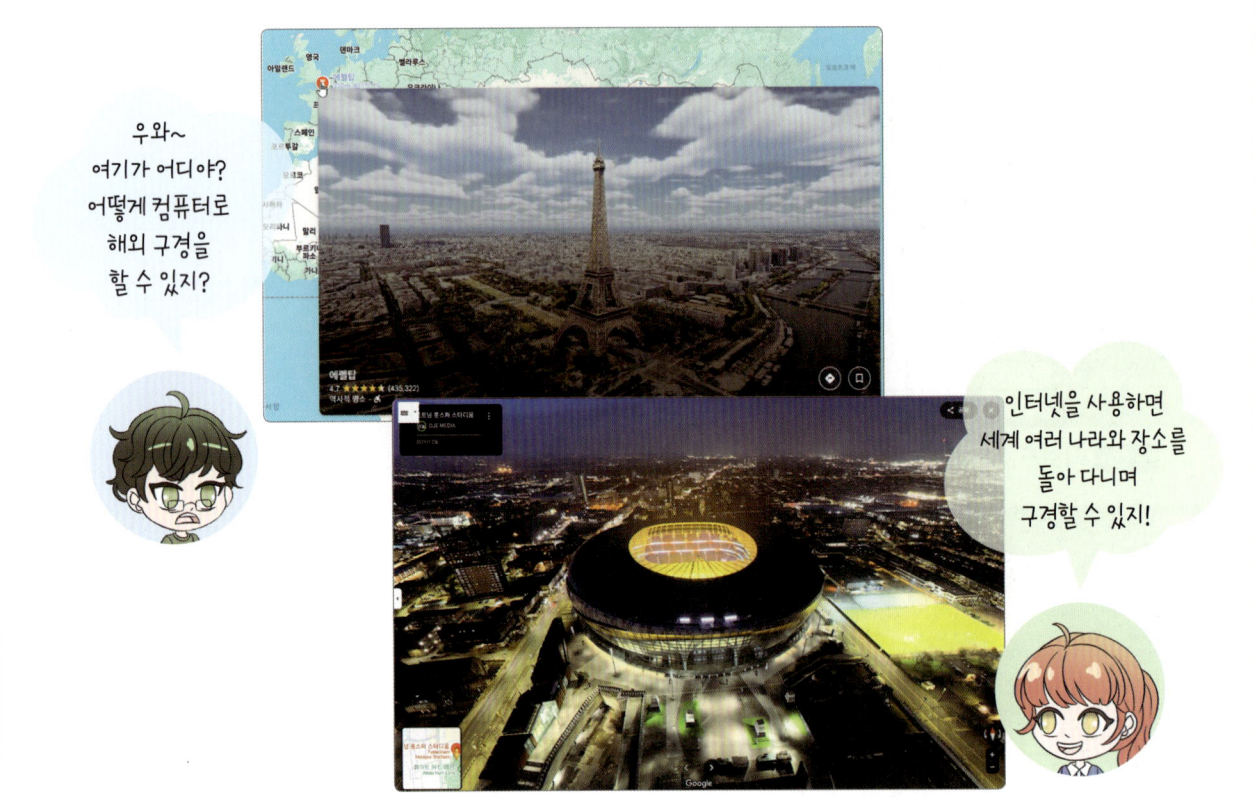

우와~
여기가 어디야?
어떻게 컴퓨터로
해외 구경을
할 수 있지?

인터넷을 사용하면
세계 여러 나라와 장소를
돌아 다니며
구경할 수 있지!

01 우리나라와 미국은 어디쯤 있을까?

❶ 크롬을 실행한 후, 검색창에 '구글지도'를 입력한 후, Enter 키를 누르고 'Google 지도'를 클릭해요.

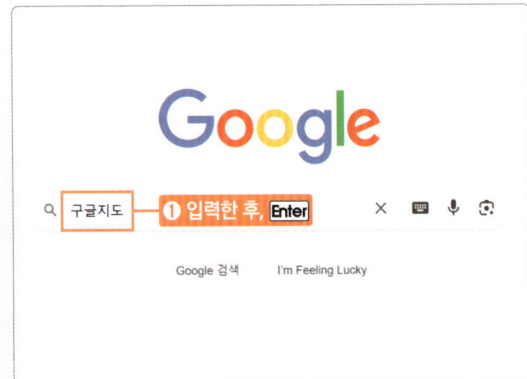

❷ 지도가 나오면 마우스 스크롤 단추를 아래로 움직여 세계지도 전체가 나오도록 해보아요.

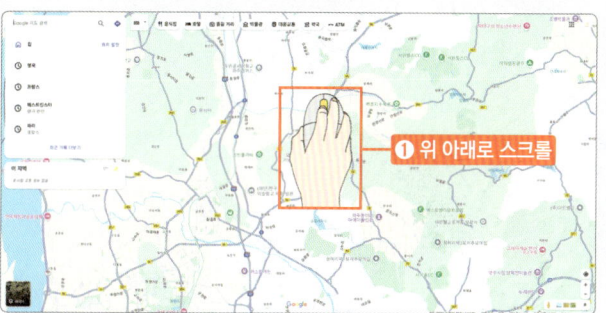

❸ 우리나라를 찾았나요? 마우스를 드래그 하여 '프랑스', '핀란드', '미국', '오스트레일리아(호주)'을 찾아 'O' 표시를 해요.

02 에펠탑은 어느 나라 어디에 있을까?

❶ 'Google 지도 검색' 창에 '에펠탑'을 입력한 후, <검색(🔍)> 단추를 클릭해요.

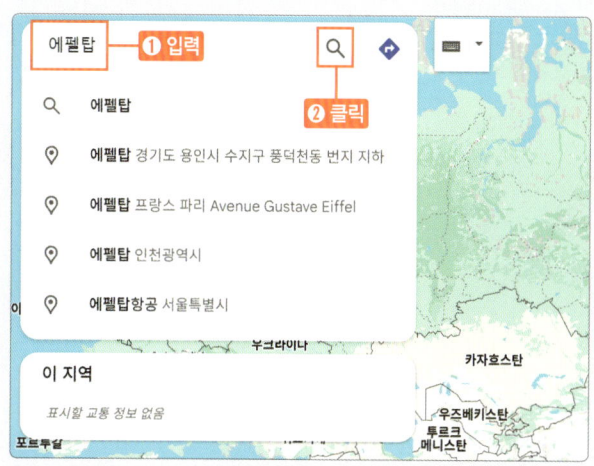

14 · 혼자서 세계여행을 갈 수 있다고?

❷ 지도안에 '에펠탑' 그림에 마우스 포인트를 올려 놓으면 '에펠탑' 영상을 확인할 수 있어요.

❸ 지도를 확대하면 '에펠탑'은 '프랑스'에 있다는 것을 확인할 수 있어요. 오른쪽 아래에 '로드뷰' 그림을 클릭해요.

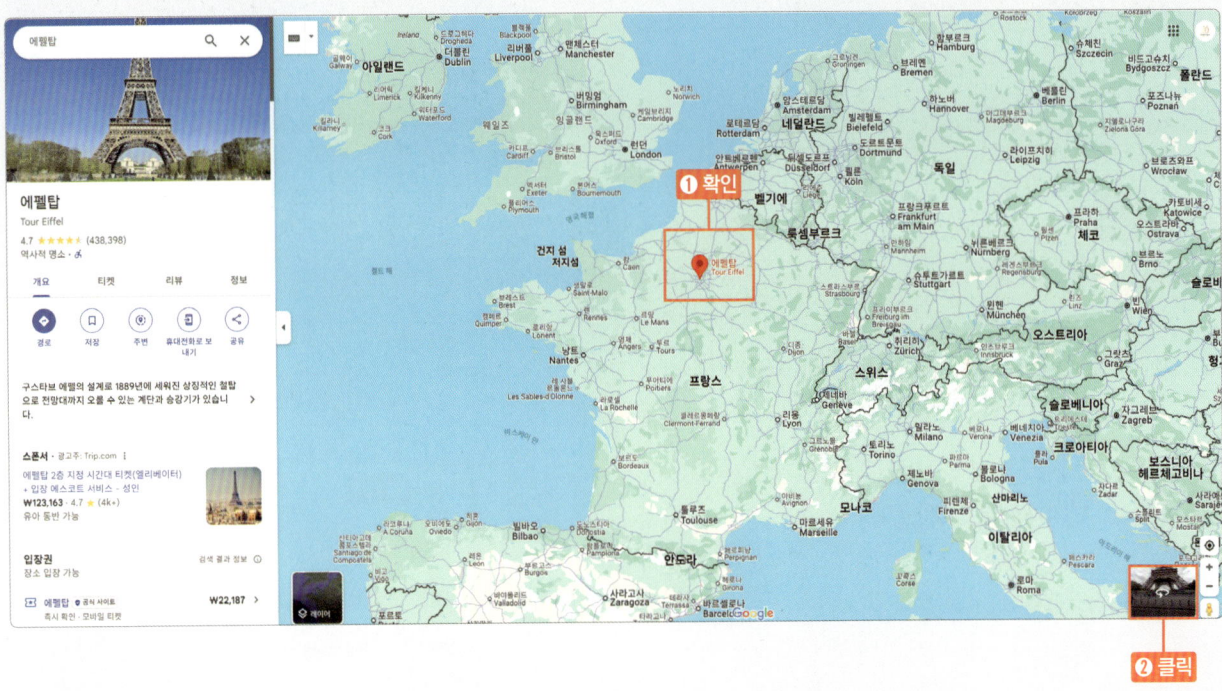

❹ 실제 '에펠탑' 주변 거리가 나와요. 왼쪽, 오른쪽, 위, 아래로 드래그하면 주변을 더 볼 수 있어요.

❺ 이제 가고 싶은 곳을 클릭해 볼까요. 클릭한 곳으로 그림이 이동되면서 주변을 확인할 수 있어요.
※ 도로 부분을 클릭하면 이동할 수 있어요!

실제 외국을 가지 않아도 인터넷으로 얼마든지 여행을 할 수 있겠는데...

근데 맛있는건 이렇게 사먹지?ㅠ

14 · 혼자서 세계여행을 갈 수 있다고?

CHAPTER 14 - 스스로 뚝딱뚝딱!

01 내 맘대로 사고력으로 문제해결능력 UP

- 손흥민 선수가 뛰고 있는 토트넘 경기장을 찾아 구경해 보아요.

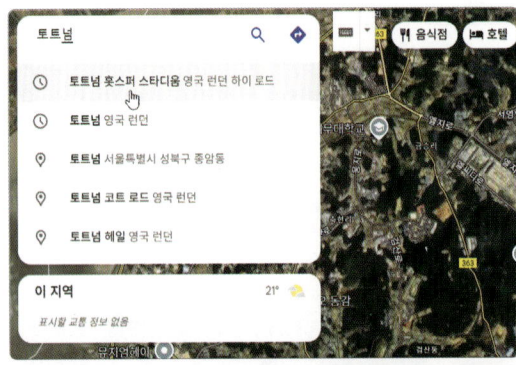 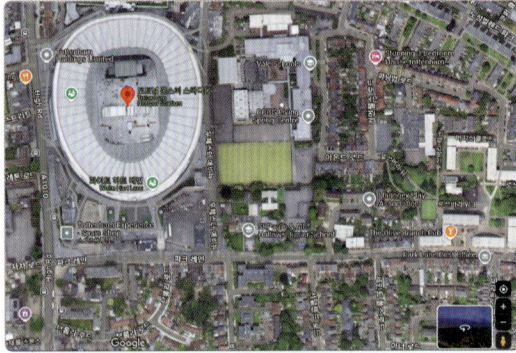

02 K마블 타자 학습 게임으로 K타자왕 도전하기

- 내게 부족한 타자 연습 또는 하고 싶은 타자 게임으로 K타자왕에 도전해 보아요.

 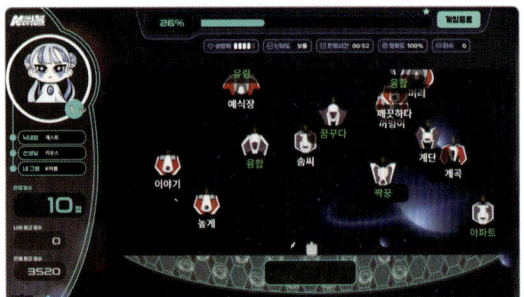

CHAPTER 15 K타자왕을 꿈꾸며 10분 스트레칭

10분 K마블 타자연습으로 잠자는 손가락을 깨워요^^

■ [전체 자리 연습]과 [단어 연습]으로 K타자왕에 도전해요.

▲ [❺한글 키보드 자리 연습]-[전체 자리 연습]

- 오늘 나의 정확도는? _____ %
- 오늘 나의 현재 점수는? _____ 점

▲ [❺한글 키보드 단어 연습]-[한국사, 세계사 단어 연습]

- 오늘 나의 정확도는? _____ %
- 오늘 나의 타수는? _____ 타

■ 오늘 연습한 단계에 'O', '△', 'X' 표로 성취도를 표시해 보아요.

타자 게임	1단계	2단계	3단계	4단계	5단계	6단계
자리 연습	기본 자리	윗 자리	아랫 자리	시프트 자리	전체 자리	
단어 연습	기본 자리	윗 자리	아랫 자리	시프트 자리	전체 자리	한국사, 세계사
짧은 글 연습	컴퓨터 코딩	사회, 생활	과학, 탐구	한국사~	속담~	
K마블 본부 수호작전	쉬움	보통	어려움	랭킹		
단어 연상 게임	쉬움	보통	어려움	랭킹		

O : 잘함   □ : 보통   △ : 다음에 열심히

CHAPTER 15 — 오늘 숙제가 공룡인데 어떻게 해요?

- 오늘은 학교 숙제를 인터넷으로 해결해 보아요.
- 인터넷은 학교 숙제뿐 아니라 내가 모르는 문제를 찾아 공부할 수도 있어요..!

■ 불러올 파일 : 없음   ■ 완성된 파일 : 없음

01 선생님께서 내준 숙제예요.

숙제

숙제 ❶ 공룡 종류를 5가지만 찾아 적어 보아요.
숙제 ❷ 내가 제일 좋아하는 공룡 한 가지만 그림으로 저장해 보아요.

02 숙제_1 공룡 종류 5가지를 찾아요.

❶ 크롬을 실행한 후, 검색창에 '공룡 종류'를 입력한 후, Enter 키를 누르고 '국립중앙과학관'의 '공룡 이야기'를 클릭해요.

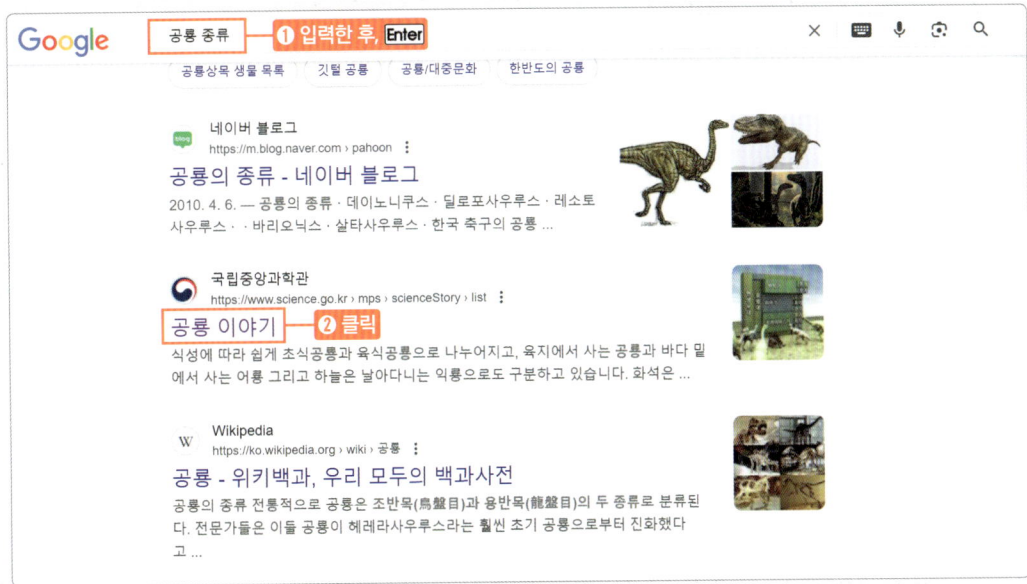

❷ '국립중앙과학관'에서 [연대기로 보기] 메뉴를 클릭한 후, 그림과 비슷한 공룡을 찾아 이름을 적어 보아요.
※ 백악기에만 있어요~, 초성 힌트를 참고해요~

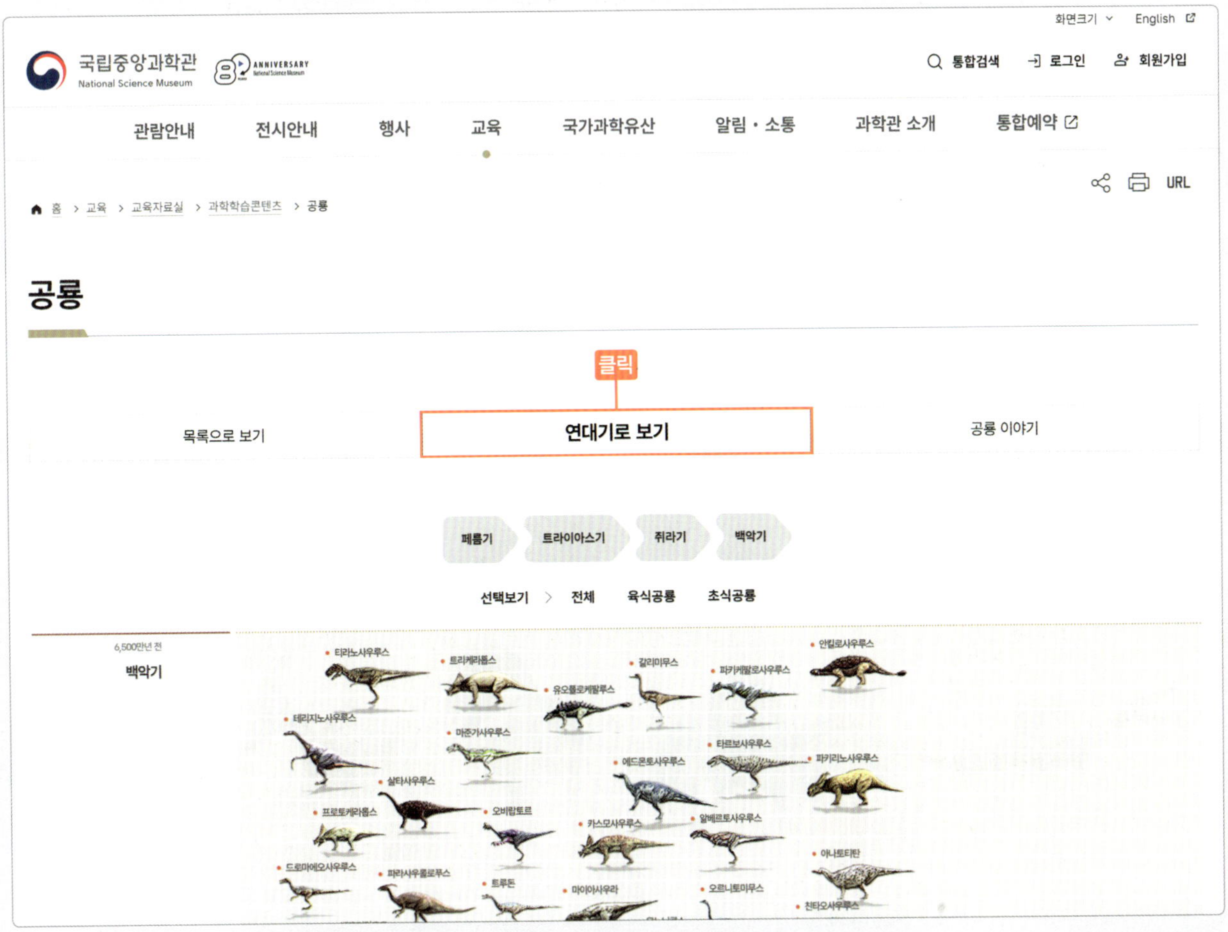

공룡 1		ㅌㄹㅋㄹㅌㅅ
공룡 2		ㅌㄹㄴㅅㅇㄹㅅ
공룡 3		ㅇㄹㅈㄴㅅㅇㄹㅅ
공룡 4		ㅂㄹㅋㄹㅌㄹ
공룡 5		ㅅㅍㄴㅅㅇㄹㅅ

보기

스피노사우루스 | 트리케라톱스 | 티라노사우루스 | 벨로키랍토르 | 아르젠티노사우루스

03 숙제_2 인터넷의 공룡 그림을 내 컴퓨터에 저장해 보아요.

❶ [목록으로 보기] 메뉴를 클릭해요.

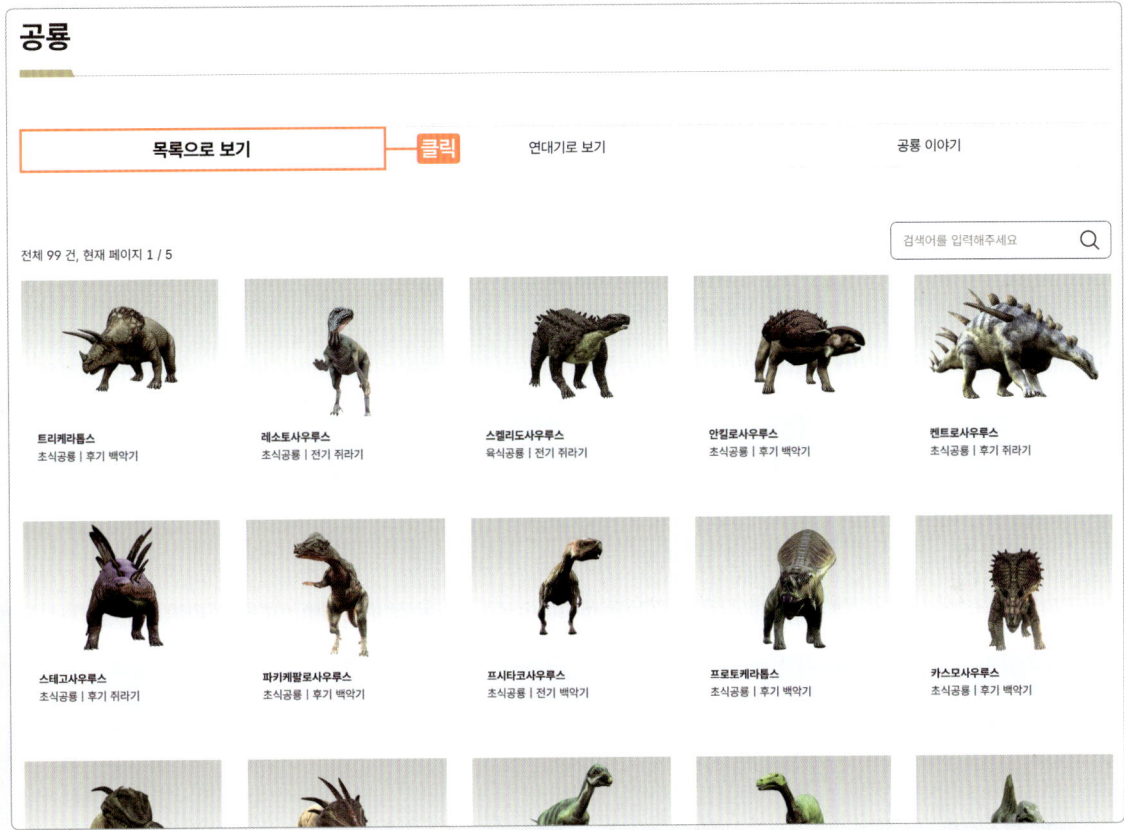

❷ 내가 좋아하는 공룡을 찾아 마우스 오른쪽 단추를 클릭한 후, '이미지를 다른 이름으로 저장'을 클릭해요.

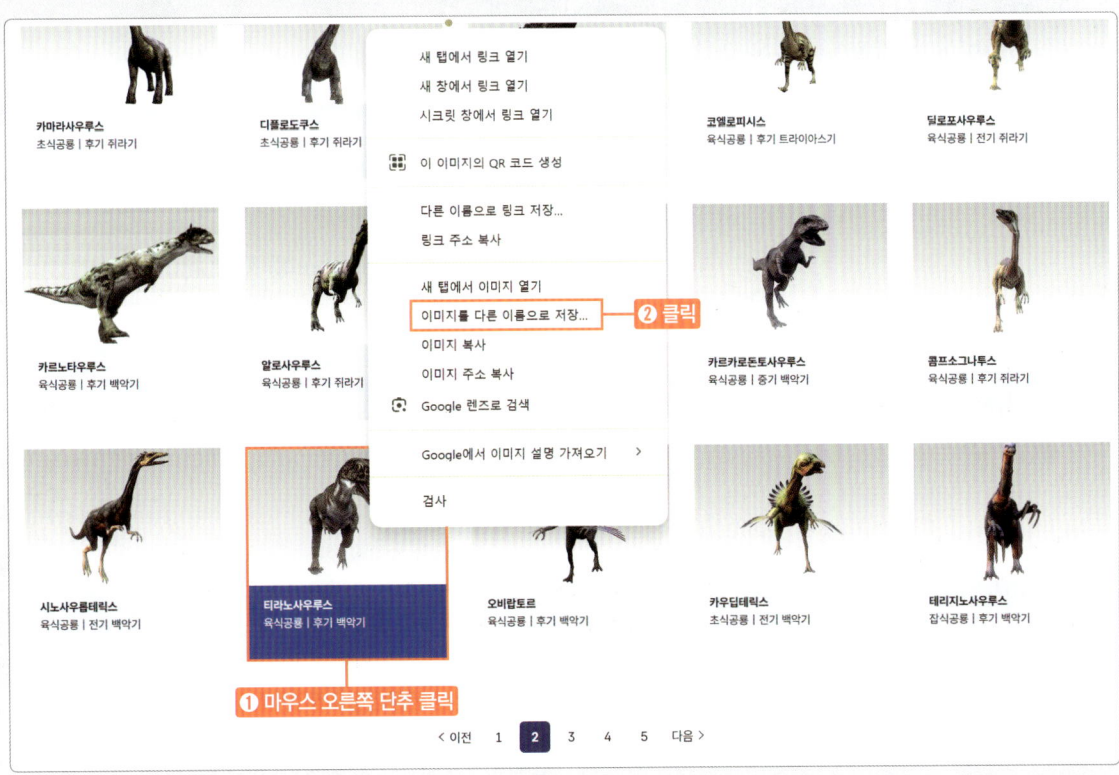

❸ [바탕화면]에 자신의 이름과 공룡 이름을 입력한 후, <저장> 단추를 클릭해요.(예 : 홍길동 티라노사우르스)

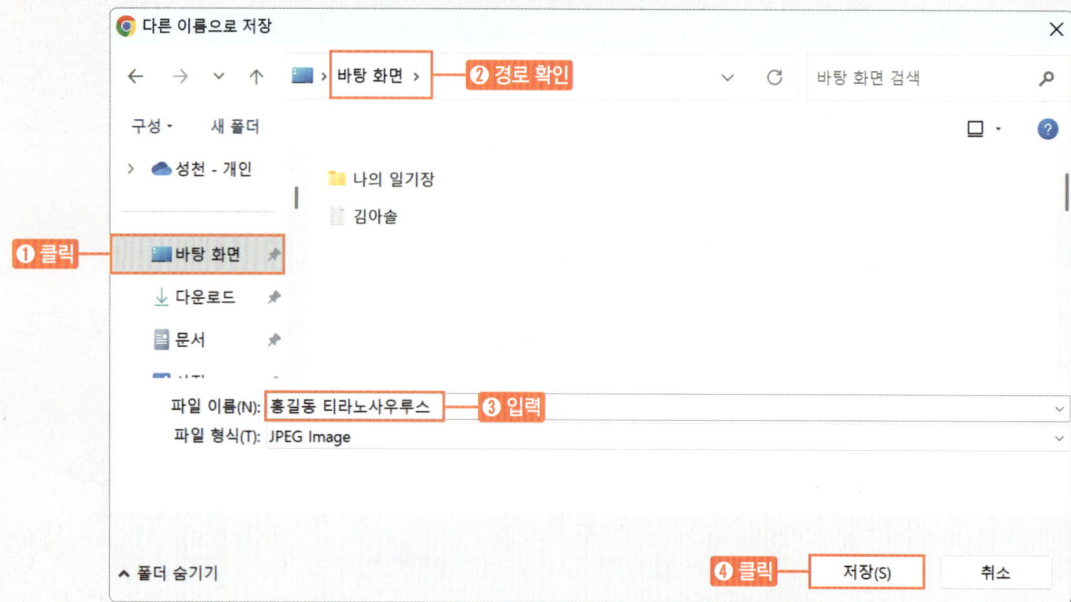

❹ [바탕화면]에서 저장된 '홍길동 티라노사우르스' 파일을 더블클릭하여 확인해 보아요.

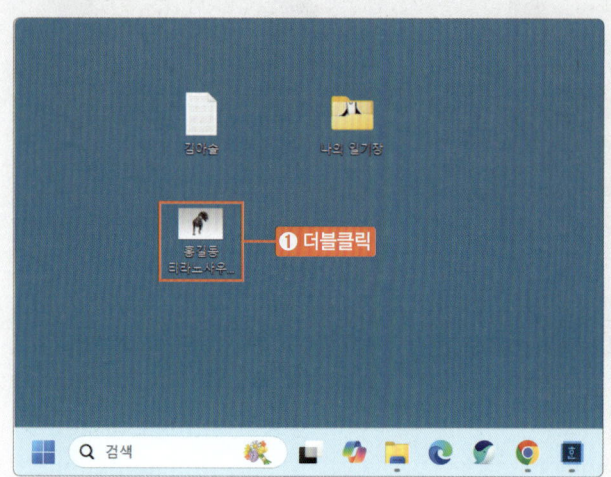

이제 인터넷으로 숙제도 쉽게 할 수 있겠는데...

인터넷은 참고만 하고 자기 생각을 적고 스스로 이해하는 것이 중요해요!

CHAPTER 15 스스로 뚝딱뚝딱!

01 내 맘대로 사고력으로 문제해결능력 UP

- 아래 공룡 그림에서 공룡하고 상관없는 그림 5개를 찾아 'O' 표시를 하고, 찾은 동물의 이름을 적어 보아요.

| 고양이 | 기린 | 양 | 사자 | 강아지 |

02 학습 게임으로 타자왕 도전하기

- 내게 부족한 타자 연습 또는 하고 싶은 타자 게임으로 K타자왕에 도전해 보아요.

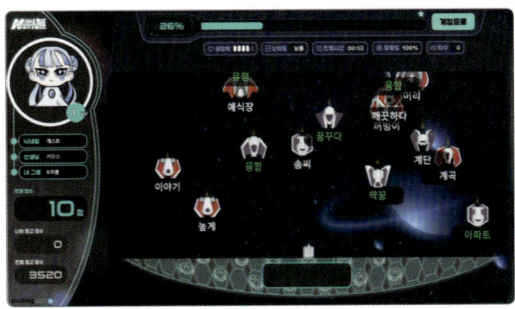

CHAPTER 16 내 맘대로 해결하고 K타자왕을 꿈꾸며

01 우리 집 주변에 대중교통은 무엇이 있을까요?

- 우리 학교에서 '시청' 또는 '군청'까지 갈 수 있는 대중교통에는 무엇이 있는지, 그리고 가장 빠르게 갈 수 있는 시간은 얼마인지 적어보아요.

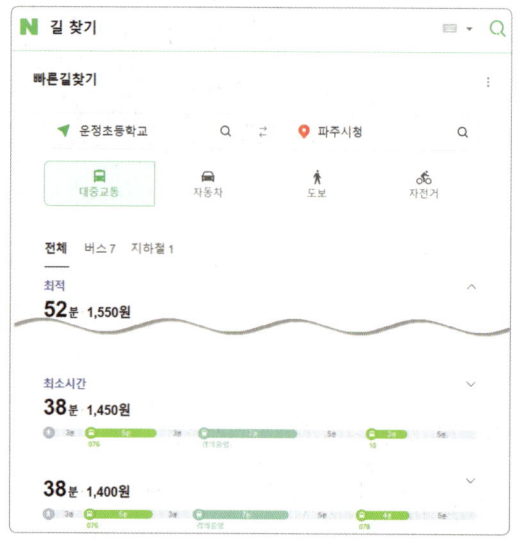

대중교통은?

빠른 시간은?

힌트
① 네이버에서 '길 찾기' 검색
② 출발지 : 우리 학교 이름(예 : 운정초등학교)
③ 도착지 : 시청 및 군청 이름(예 : 파주시청)
④ 대중교통 클릭
⑤ 정보 찾기

02 오늘 학교에서 내준 숙제에요. 인터넷 검색을 통해 스스로 해결해 볼까요?

 우리나라 독립운동의 시작인 '대한독립 만세'를 외친 삼일절은 몇 년도 일까요? 그리고 대표적인 사람은 누구일까요?

년도?

사람?

힌트
① 네이버에서 '삼일절' 검색
② 정보 찾기

03 [키보드 학습 게임]에서 '단어 연상 게임'과 'K마블 본부 수호작전' 연습으로 K타자왕에 도전해요.

▲ 단어 연상 게임

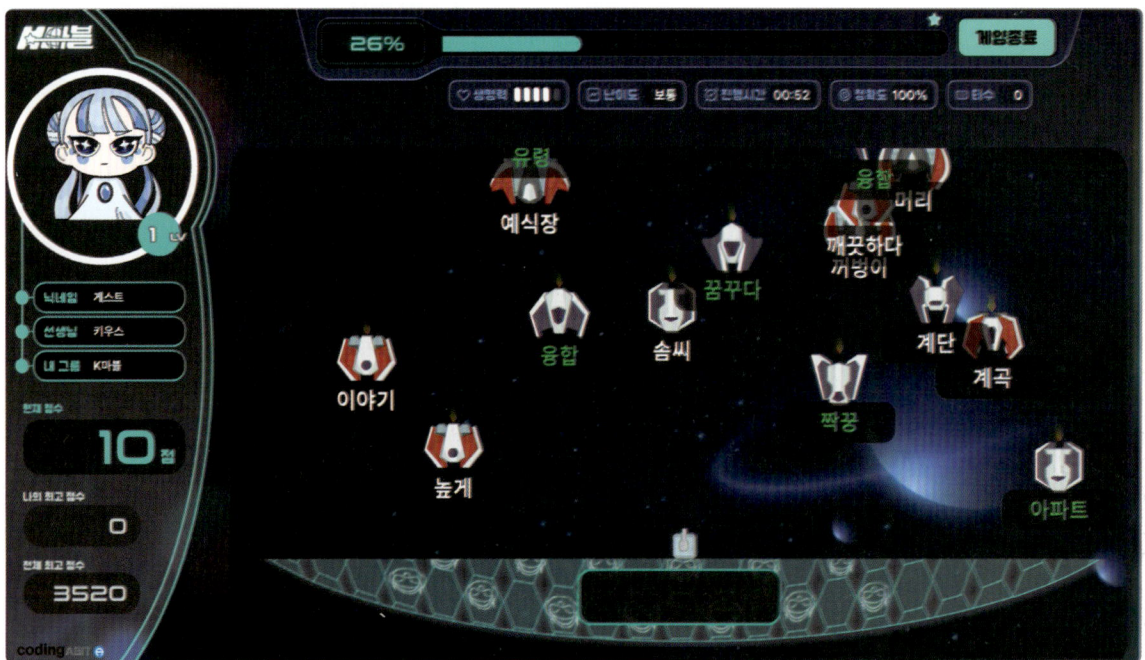

▲ K마블 본부 수호작전

CHAPTER 17 K타자왕을 꿈꾸며 10분 스트레칭

10분 K마블 타자연습으로 잠자는 손가락을 깨워요^^

■ [전체 자리 연습]과 [단어 연습]으로 K타자왕에 도전해요.

▲ [한글 키보드 자리 연습]-[전체 자리 연습]

- 오늘 나의 정확도는? ____ %
- 오늘 나의 현재 점수는? ____ 점

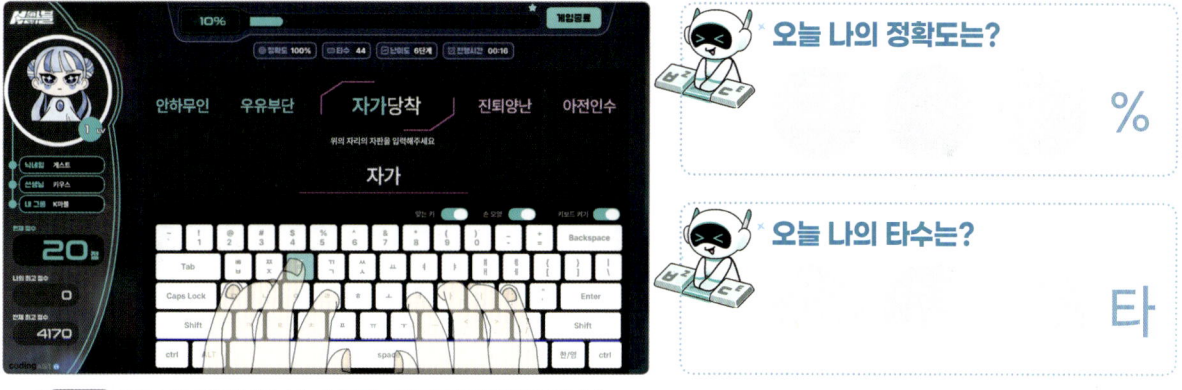

▲ [한글 키보드 단어 연습]-[속담, 사자성어 단어 연습]

- 오늘 나의 정확도는? ____ %
- 오늘 나의 타수는? ____ 타

■ 오늘 연습한 단계에 'O', '△', 'X' 표로 성취도를 표시해 보아요.

타자 게임	1단계	2단계	3단계	4단계	5단계	6단계
자리 연습	기본 자리	윗 자리	아랫 자리	시프트 자리	전체 자리	
단어 연습	기본 자리	윗 자리	아랫 자리	시프트 자리	전체 자리	속담, 사자성어
짧은 글 연습	컴퓨터 코딩	사회, 생활	과학, 탐구	한국사~	속담~	
K마블 본부 수호작전	쉬움	보통	어려움	랭킹		
단어 연상 게임	쉬움	보통	어려움	랭킹		

O : 잘함 □ : 보통 △ : 다음에 열심히

CHAPTER 17 문서 대장! '아래한글' 체험하기

- '아래한글'이란 학교 숙제, 일기, 편지, 초대장 등의 문서를 예쁘게 만들 수 있는 프로그램이에요.
- 오늘은 위와 같은 문서를 만드는 '아래한글' 프로그램을 간단히 체험해 보도록 해요.

■ 불러올 파일 : 공룡일기장.hwpx   ■ 완성된 파일 : 공룡일기장(완성).hwpx

01 '아래한글'이라는 프로그램으로 예쁜 일기장을 만들어 보아요.

❶ [시작]-[모두]-[한글2022]를 클릭해서 '아래한글' 프로그램을 실행해요.

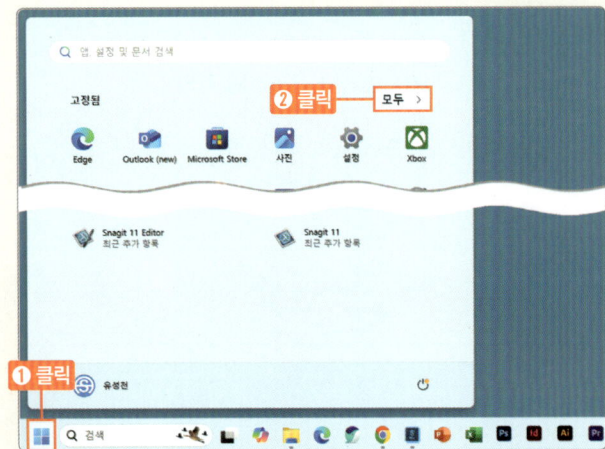
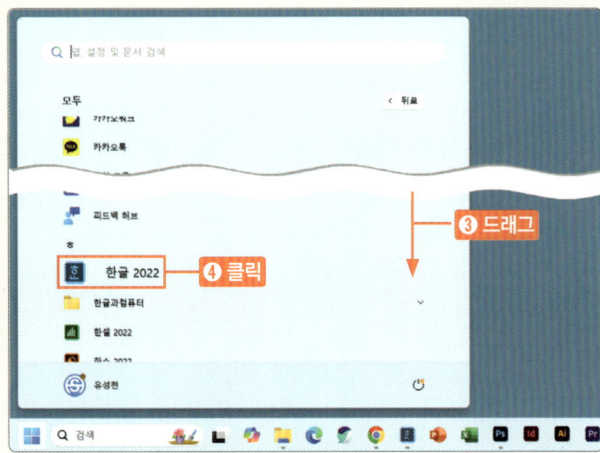

❷ [불러오기(📁)] 단추를 클릭한 후, '공룡일기장' 파일을 선택하고 <열기> 단추를 클릭해요.

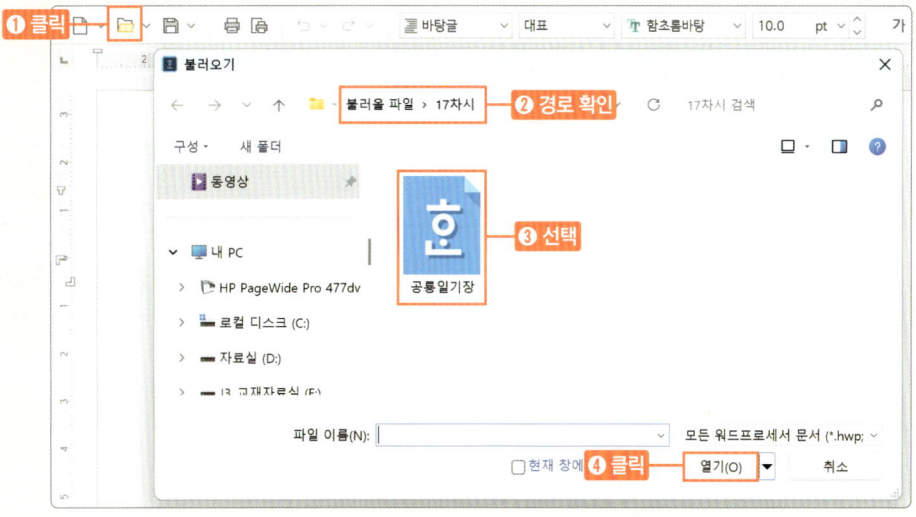

02 글자를 입력해요.

❶ '년' 글자 앞, 빈 곳을 클릭한 후, 올해 연도를 입력해요. 그리고 '월', '일', '요일'도 입력해 보아요.

03 글자를 입력하고 변경해요.

❶ 아래쪽 빈 칸을 클릭한 후, 글자를 입력하고 입력한 글자를 드래그하여 블록으로 지정해요.

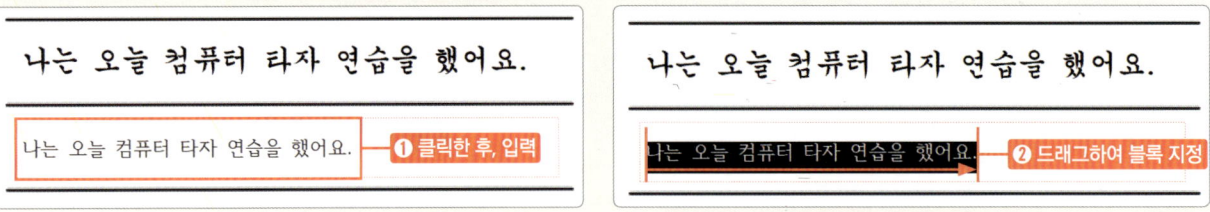

❷ 글꼴은 '궁서', 글자 크기는 '15'를 선택해요.

04 글자를 복사해요.

❶ 오른쪽 페이지 '나의 타자 속도는?'을 드래그하여 블록을 지정한 후, [편집]-[복사하기(📋)] 아이콘을 클릭해요. 이어서, 아래 칸을 클릭한 후, '붙이기(📋)' 아이콘을 클릭해요.

❷ '50타입니다.'도 '복사'하여 '붙이기'를 하면 글자를 쉽게 입력할 수 있어요.

05 일기장에 그림을 넣을 수 있어요.

① 문서 왼쪽 빈 곳을 클릭한 후, [편집]메뉴에서 그림() 아이콘을 클릭해요. 이어서 '키우스봇' 그림을 문서에 추가해 보아요.
※ '문서에 포함'만 체크 표시

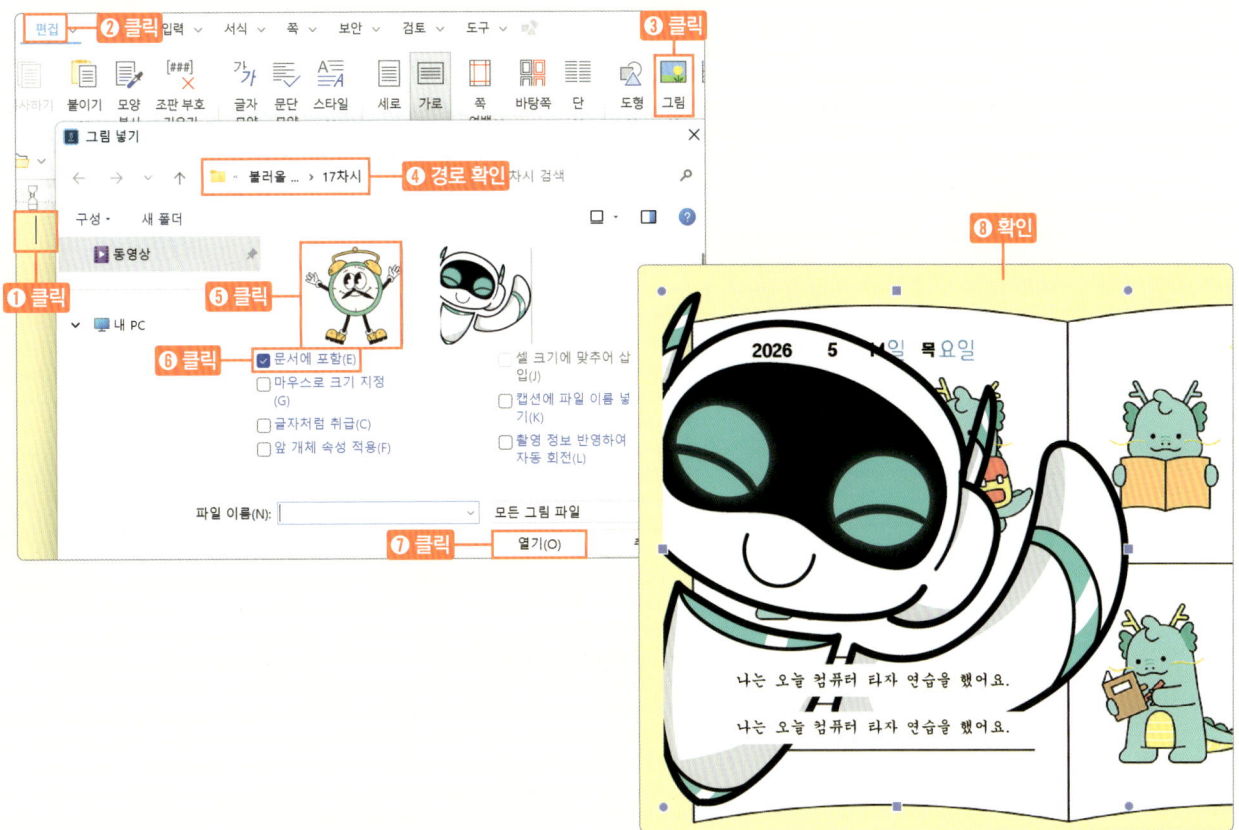

② 추가된 그림을 클릭한 후, 꼭지점을 드래그하여 크기를 줄이고 위쪽으로 드래그해 보아요.

CHAPTER 17 · 스스로 뚝딱뚝딱!

■ 불러올 파일 : 본문 내용에 이어서   ■ 완성된 파일 : 공룡 일기장 뚝딱(완성)

01 내 맘대로 사고력으로 문제해결능력 UP

- 아래 문서에 그림을 추가해 보고 '다른 이름으로 저장하기'를 해요.

02 K마블 타자 학습 게임으로 K타자왕 도전하기

- 내게 부족한 타자 연습 또는 하고 싶은 타자 게임으로 K타자왕에 도전해 보아요.

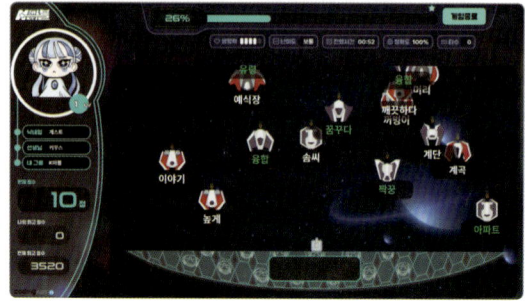

· MEMO ·

알아두면 좋은 컴퓨터 상식

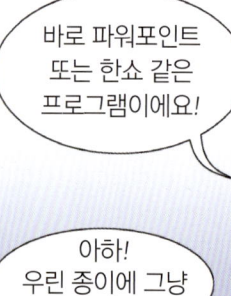

CHAPTER 18 K타자왕을 꿈꾸며 10분 스트레칭

10분 K마블 타자연습으로 잠자는 손가락을 깨워요^^

■ [전체 자리 연습]과 [단어 연습]으로 K타자왕에 도전해요.

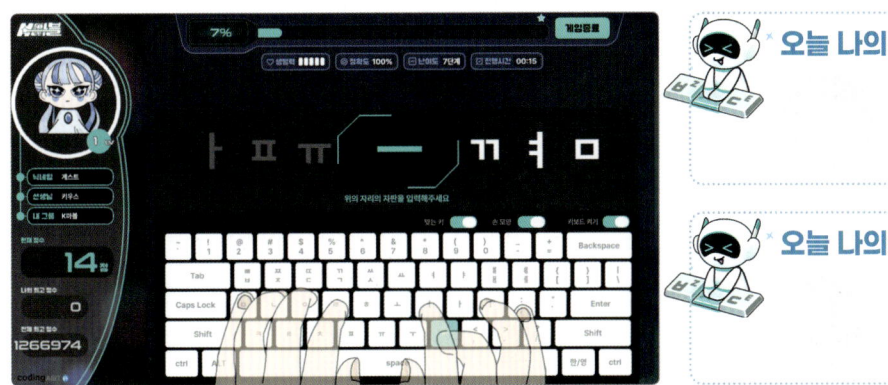

▲ [🅀 한글 키보드 자리 연습]-[전체 자리 연습]

오늘 나의 정확도는? %

오늘 나의 현재 점수는? 점

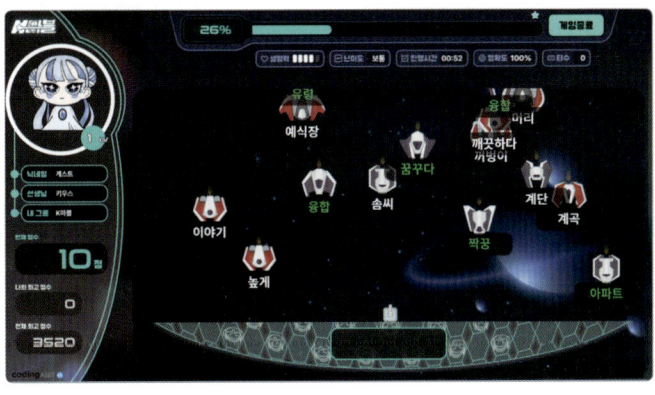

▲ [K마블 본부 수호작전]-[쉬움]~[랭킹]

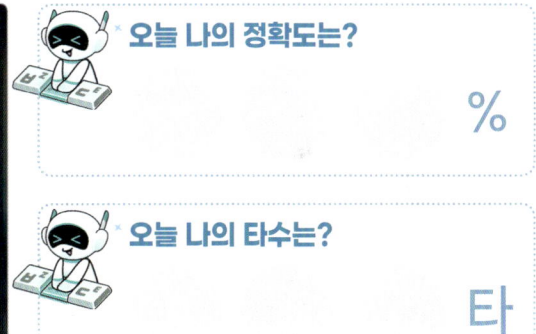

오늘 나의 정확도는? %

오늘 나의 타수는? 타

■ 오늘 연습한 단계에 'O', '△', 'X' 표로 성취도를 표시해 보아요.

타자 게임	1단계	2단계	3단계	4단계	5단계	6단계
자리 연습	기본 자리	윗 자리	아랫 자리	시프트 자리	전체 자리	
단어 연습	기본 자리	윗 자리	아랫 자리	시프트 자리	전체 자리	
짧은 글 연습	컴퓨터 코딩	사회, 생활	과학, 탐구	한국사~	속담~	
K마블 본부 수호작전	쉬움	보통	어려움	랭킹		
단어 연상 게임	쉬움	보통	어려움	랭킹		

O : 잘함 □ : 보통 △ : 다음에 열심히

CHAPTER 18 발표 대장! '파워포인트' 체험하기

- 파워포인트는 자신 또는 어떤 내용을 다른 친구들에게 발표할 때 사용되는 프로램이에요.
- 오늘은 발표 문서를 만드는 '파워포인트' 프로그램을 간단히 체험해 보도록 해요.

📘 불러올 파일 : 내 소개.pptx   📗 완성된 파일 : 내 소개(완성).pptx

01 난 이런 친구야~ 날 선택하면 우리 반을 위해 열심히 노력할게!

❶ [파일 탐색기]-[18차시]에서 '내 소개' 파일을 더블클릭해서 '파워포인트' 파일을 실행해요.

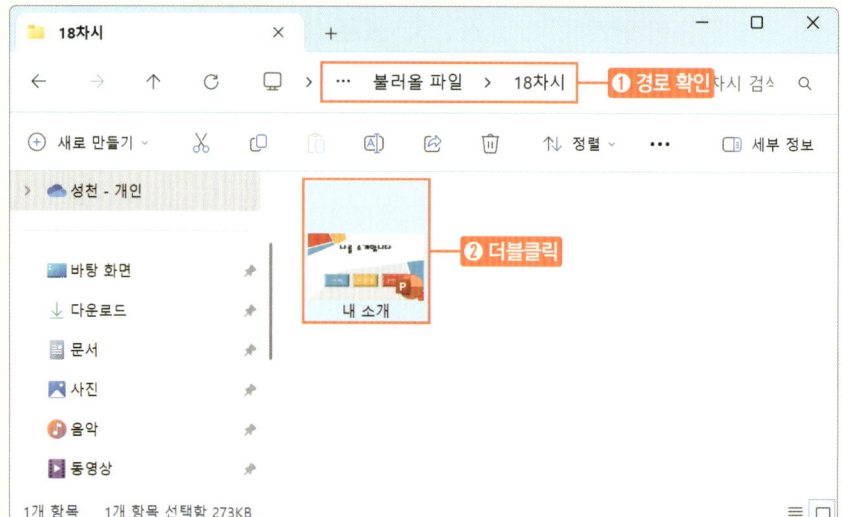

❷ '부제목을 입력하십시오' 부분을 클릭한 후, 나의 학년과 반, 이름을 입력해요.

❸ 위에서 입력한 부분을 선택한 후, [애니메이션]-[날아오기]를 선택해요. 이어서 [미리보기] 메뉴를 클릭하여 애니메이션을 확인해요.

※ '확대/축소' 애니메이션이 보이지 않으면 애니메이션 부분의 펼침(▼) 메뉴를 눌러보아요.

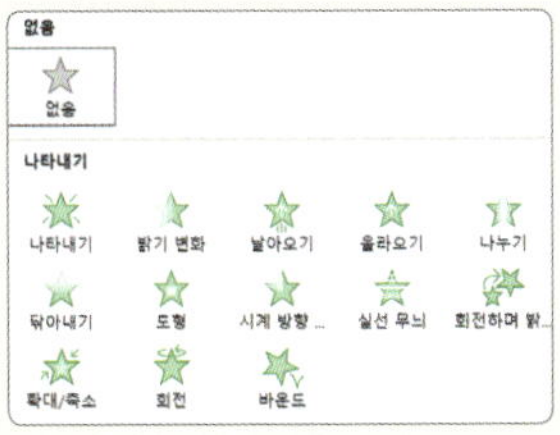

02 그림도 움직이면 친구들이 좋아할텐데...

① 두 번째 슬라이드를 선택한 후, '텍스트를 입력하십시오'. 부분을 클릭하여 '나의 생일'을 입력해요.

② 세 번째 슬라이드를 선택한 후, '텍스트를 입력하십시오'. 부분을 클릭하여 '받고 싶은 선물'을 입력해요.

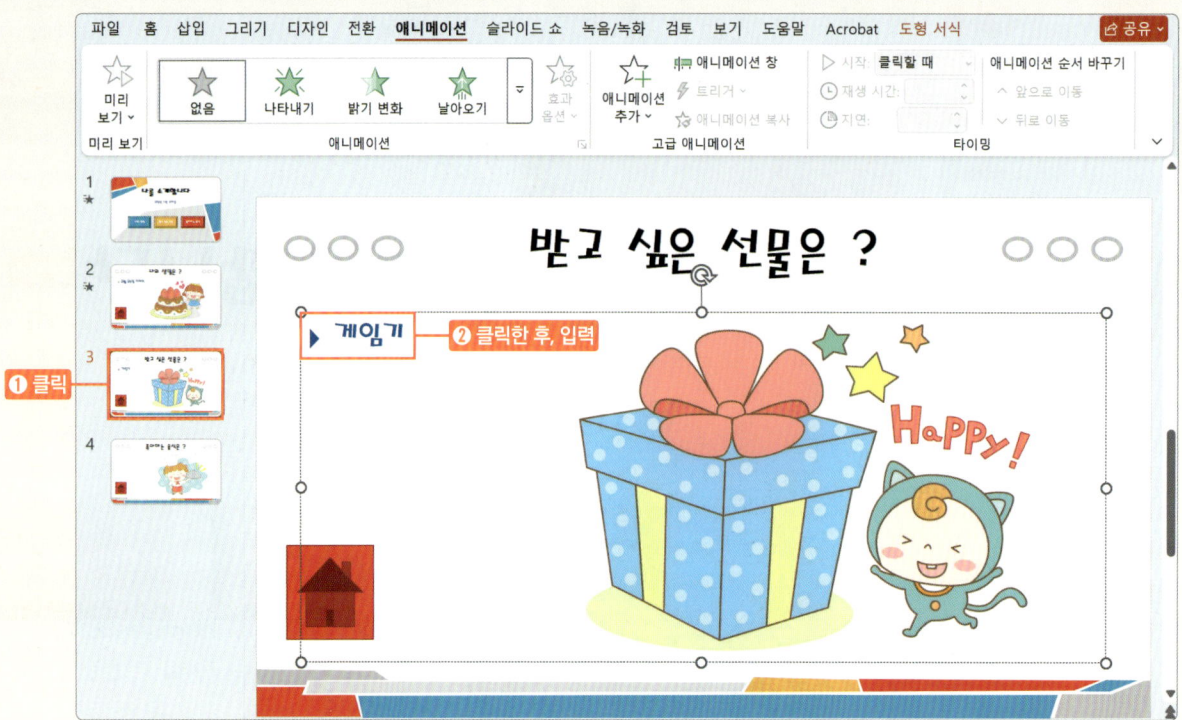

❸ 네 번째 슬라이드를 선택한 후, '텍스트를 입력하십시오.' 부분을 클릭하여 '좋아하는 음식'을 입력해요.

❹ 주방장 그림을 선택한 후, [애니메이션]-[확대/축소]를 선택해요. 이어서 [미리보기] 메뉴를 클릭하여 애니메이션을 확인해요.

※ '확대/축소' 애니메이션이 보이지 않으면 애니메이션 부분의 펼침(▽) 메뉴를 눌러보아요.

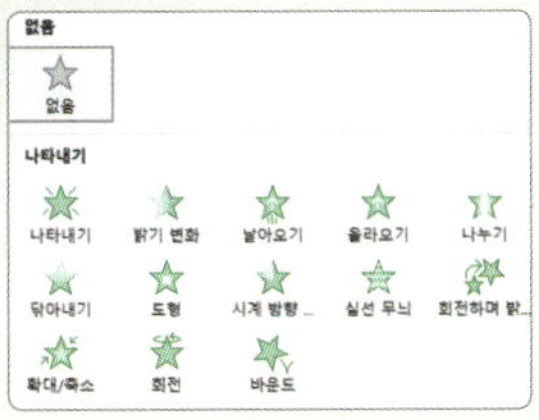

오~ 멋진데!

CHAPTER 18

스스로 뚝딱뚝딱!

■ 불러올 파일 : 본문 내용에 이어서   ■ 완성된 파일 : 내 소개 뚝딱(완성)

01 내 맘대로 사고력으로 문제해결능력 UP

- 두 번째와 세 번째 슬라이드의 그림에 내가 원하는 애니메이션을 추가해 보고 [미리 보기] 메뉴를 클릭하여 애니메이션을 확인해요.

02 K마블 타자 학습 게임으로 K타자왕 도전하기

- 내게 부족한 타자 연습 또는 하고 싶은 타자 게임으로 K타자왕에 도전해 보아요.

 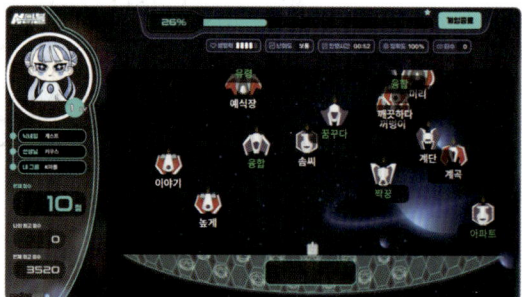

· MEMO ·

알아두면 좋은 컴퓨터 상식

CHAPTER 19. K타자왕을 꿈꾸며 10분 스트레칭

10분 K마블 타자연습으로 잠자는 손가락을 깨워요^^

■ [전체 자리 연습]과 [단어 연습]으로 K타자왕에 도전해요.

▲ [한글 키보드 자리 연습]-[전체 자리 연습]

- 오늘 나의 정확도는? _____ %
- 오늘 나의 현재 점수는? _____ 점

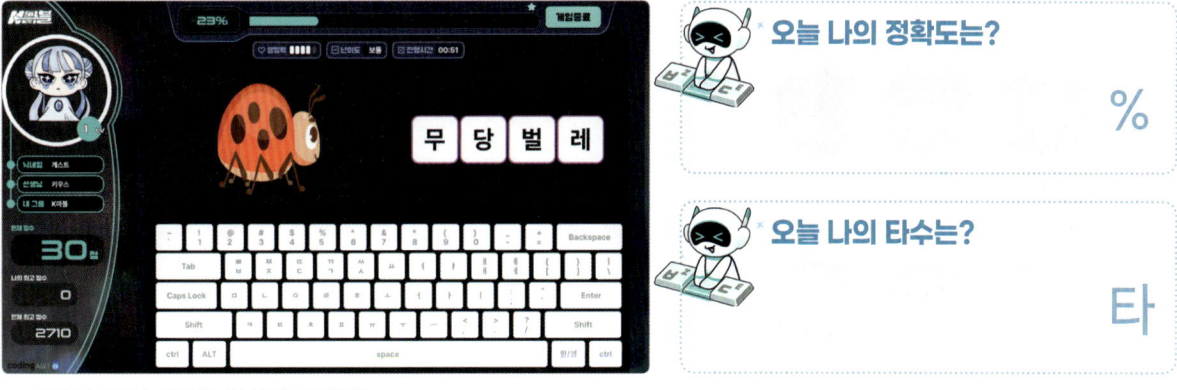

▲ [단어 연상 게임]-[쉬움]~[랭킹]

- 오늘 나의 정확도는? _____ %
- 오늘 나의 타수는? _____ 타

■ 오늘 연습한 단계에 'O', '△', 'X' 표로 성취도를 표시해 보아요.

타자 게임	1단계	2단계	3단계	4단계	5단계	6단계
자리 연습	기본 자리	윗 자리	아랫 자리	시프트 자리	전체 자리	
단어 연습	기본 자리	윗 자리	아랫 자리	시프트 자리	전체 자리	
짧은 글 연습	컴퓨터 코딩	사회, 생활	과학, 탐구	한국사~	속담~	
K마블 본부 수호작전	쉬움	보통	어려움	랭킹		
단어 연상 게임	쉬움	보통	어려움	랭킹		

O : 잘함 □ : 보통 △ : 다음에 열심히

CHAPTER 19 계산 대장 '엑셀' 체험하기

- 엑셀은 숫자를 계산할 때 사용되는 프로그램이에요.
- 오늘은 계산할 때 필요한 '엑셀' 프로그램을 간단히 체험해 보도록 해요.

📁 불러올 파일 : 타자 연습 시간.xlsx 📁 완성된 파일 : 타자 연습 시간(완성).xlsx

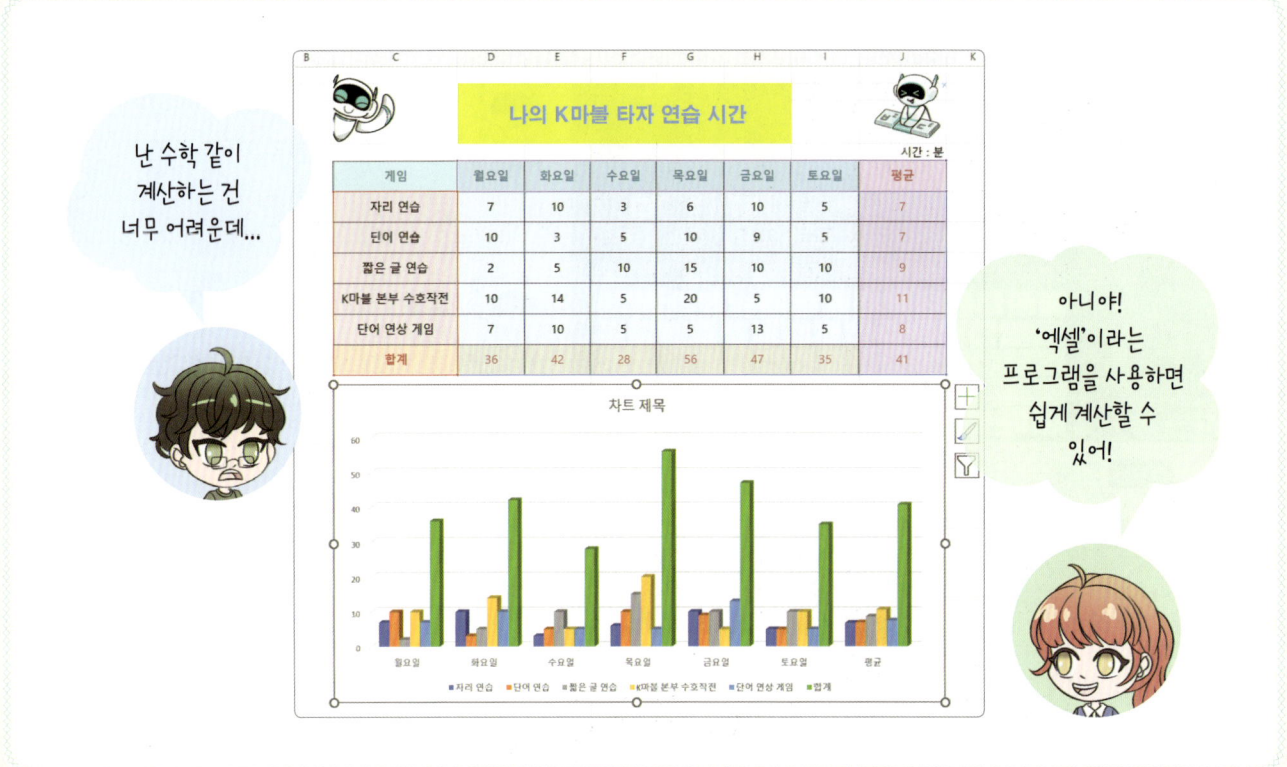

난 수학 같이 계산하는 건 너무 어려운데…

아니야! '엑셀'이라는 프로그램을 사용하면 쉽게 계산할 수 있어!

01 지금까지 타자 연습은 모두 얼마나 했을까?

① [파일 탐색기]-[19차시]에서 '타자 연습 시간' 파일을 더블클릭해서 '엑셀' 파일을 실행해요.

❶ 경로 확인
❷ 더블클릭

❷ 아래 그림과 같이 비어 있는 '합계'와 '평균'은 어떻게 계산할까요?

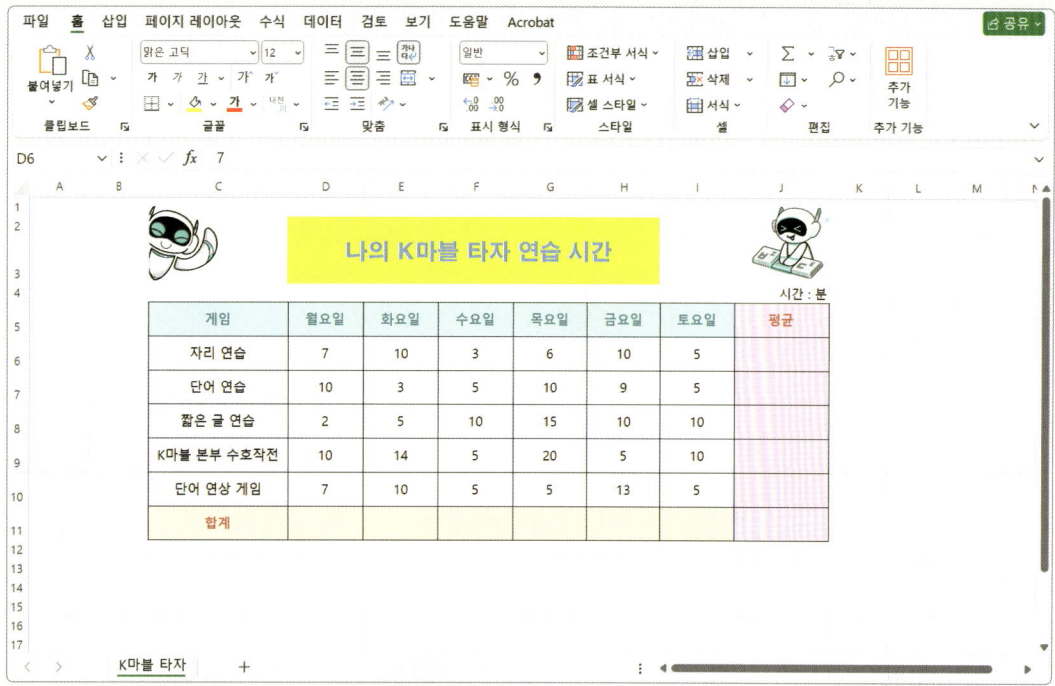

❸ 먼저 합계를 구해볼께요. '월요일' 항목의 '자리 연습'부터 '합계'까지 드래그하여 블록을 지정한 후, [홈]-[편집]에서 '합계(∑)'를 클릭해요.

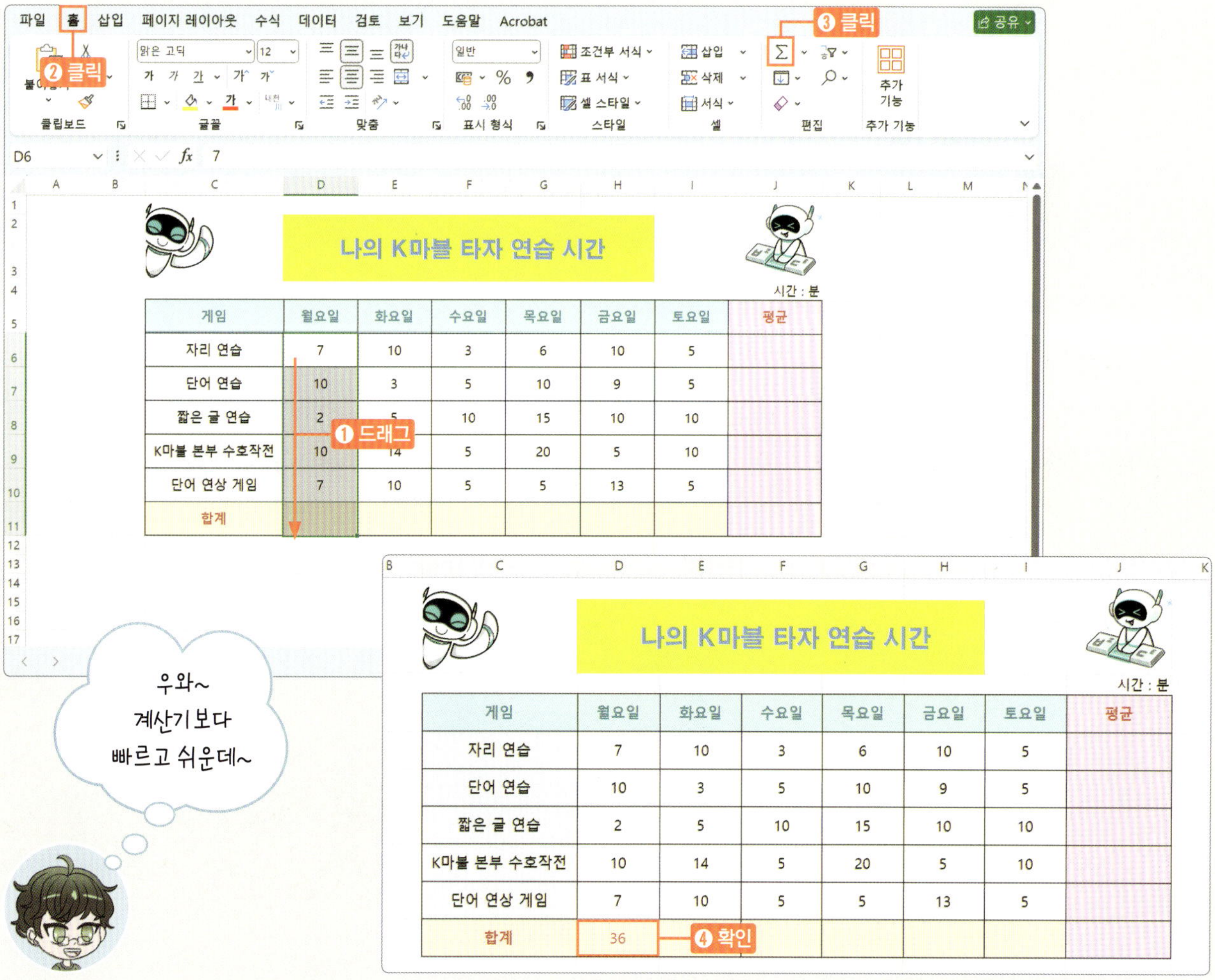

❹ 이제 한꺼번에 합계를 계산해 보아요. '화요일'~'토요일' 항목의 '자리 연습'부터 '합계'까지 드래그하여 블록을 지정한 후, [홈]-[편집]에서 '합계(∑)'를 클릭해요.

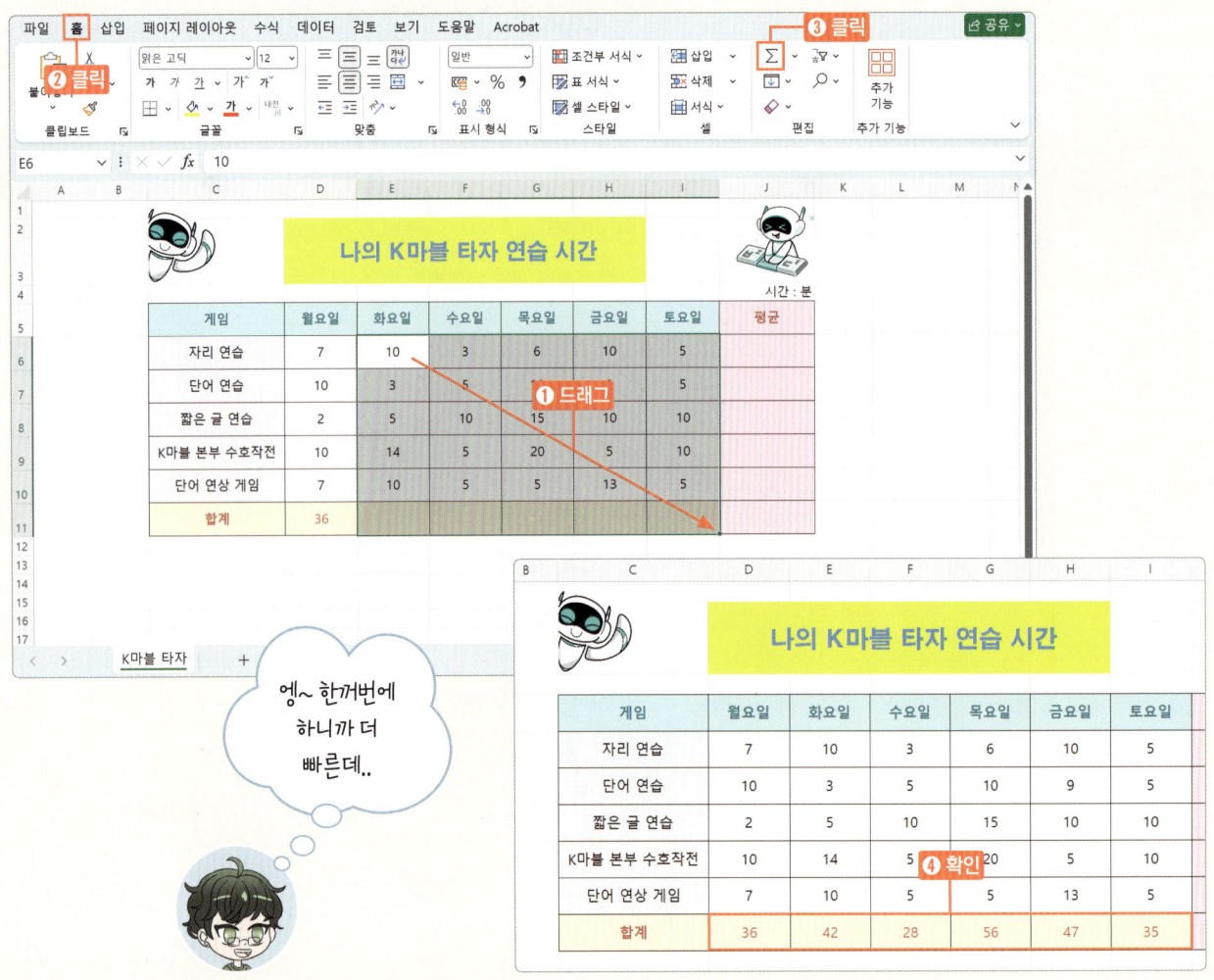

02 일주일 '평균' 연습 시간은 얼마나 될까?

❶ 이제 종류별로 일주일 '평균' 연습 시간을 구해볼까요. '월요일'~'토요일' 항목의 '자리 연습'부터 '합계'까지 드래그하여 블록을 지정해요.

❷ [홈]-[편집]에서 '합계'의 펼침 메뉴(˅)를 클릭한 후, '평균'을 클릭해요.

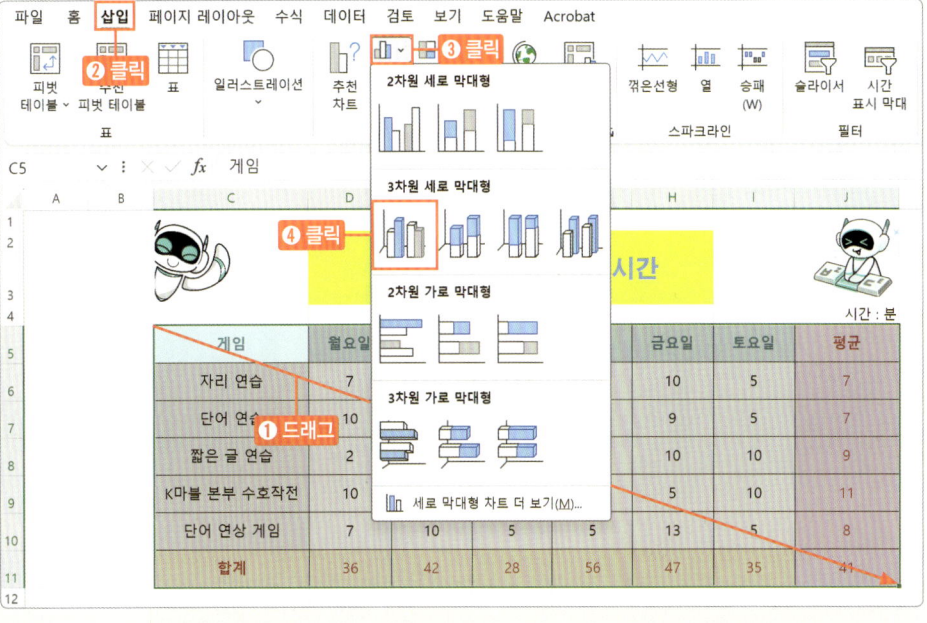

엑셀은 '합계'와 '평균' 외에도 여러 가지 계산 기능이 있어요.

03 숫자들이 '그래프'로 나오면 이쁠텐데...

❶ 표 전체를 드래그한 후, [삽입]-[차트]-'3차원 묶은 세로 막대형'을 클릭해요.

❷ 삽입된 차트를 아래쪽으로 드래그한 후, 크기를 표와 맞추어요.

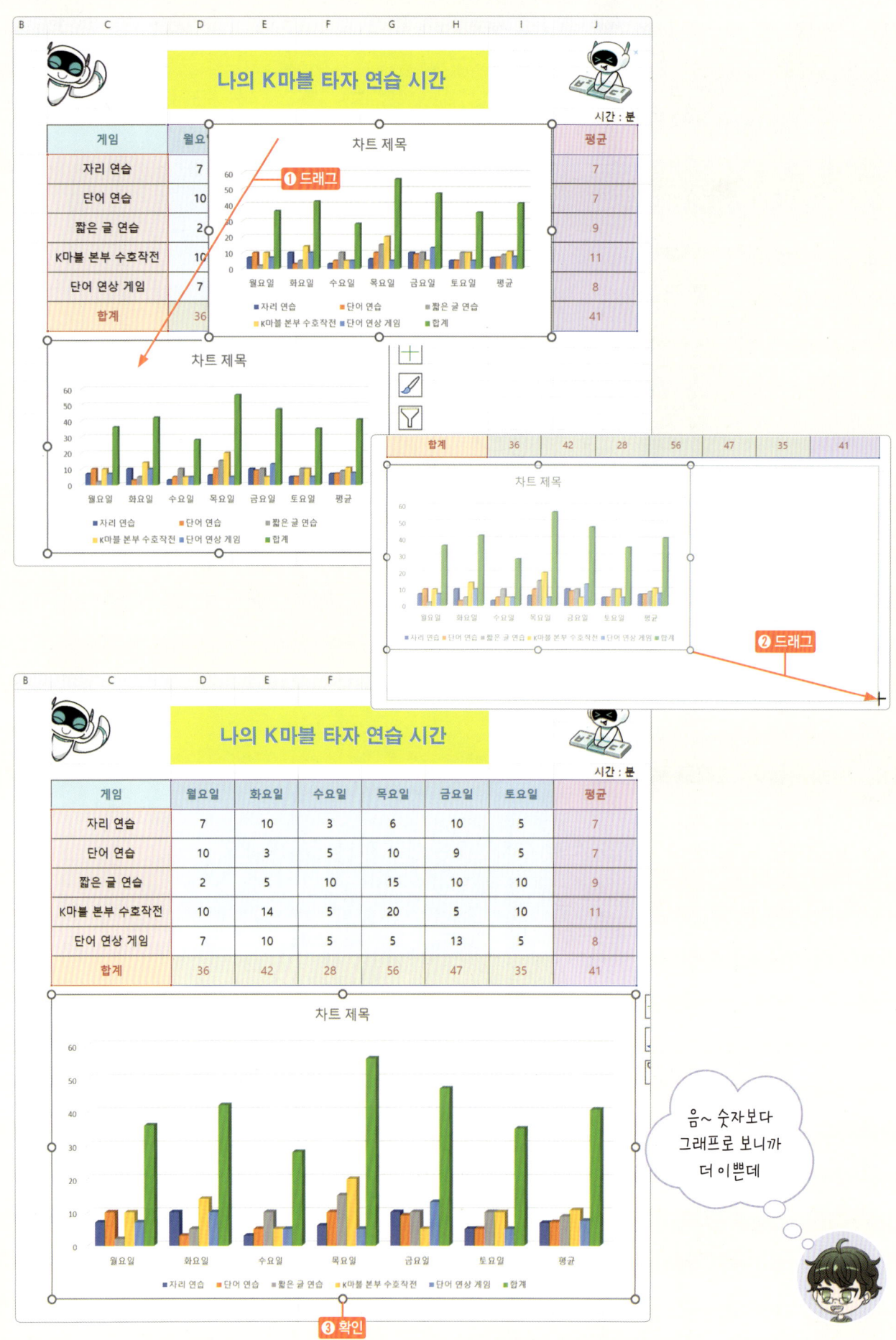

CHAPTER 19 스스로 뚝딱뚝딱!

📁 불러올 파일 : 본문 내용에 이어서   📁 완성된 파일 : 타자 연습 시간 뚝딱(완성).xlsx

01 내 맘대로 사고력으로 문제해결능력 UP

- 조금 전 완성한 '타자 연습 시간'의 차트를 '3차원 누적 가로 막대형'으로 변경해 보아요.

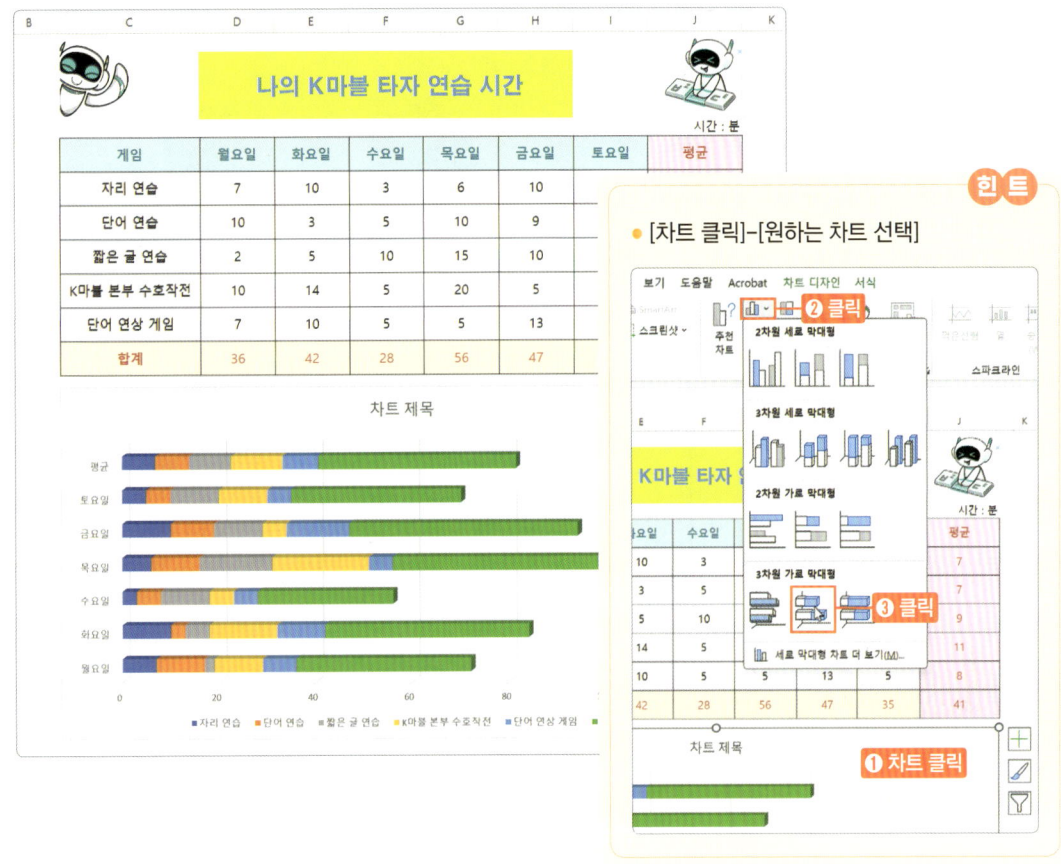

02 K마블 타자 학습 게임으로 K타자왕 도전하기

- 내게 부족한 타자 연습 또는 하고 싶은 타자 게임으로 K타자왕에 도전해 보아요.

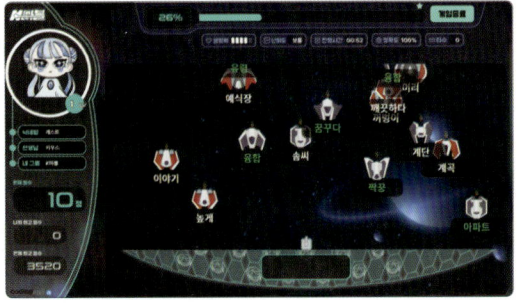

CHAPTER 20 : 내 맘대로 해결하고 K타자왕을 꿈꾸며

■ 불러올 파일 : 한글 문서.hwpx, 파포 문서.pptx   ■ 완성된 파일 : 한글 문서(완성).hwpx, 파포 문서(완성).pptx

01 한글 문서를 불러와 아래와 같이 완성해 보아요.

02 파워포인트 문서를 불러와 아래와 같이 완성해 보아요.

힌트
- 농구공 클릭 > 애니메이션 > 이동 경로 > 사용자 지정 > 공이 움직이는 방향으로 드래그하여 공이 움직이는 방향으로 선을 그려요.
- 클릭으로 시작해서 더블클릭으로 종료 > 재생 시간 : 5초

03 [키보드 학습 게임]에서 '키보드 받아치기' 또는 '틀린 문장 고치기' 연습으로 K타자왕에 도전해요.

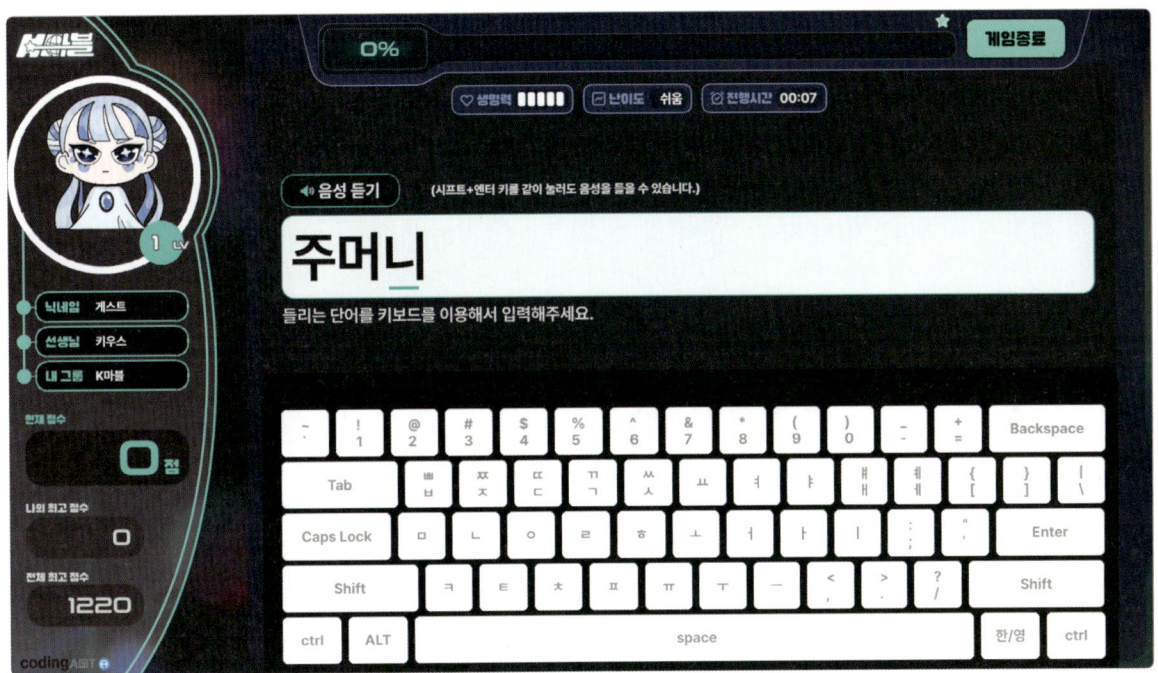

▲ 키보드 받아치기

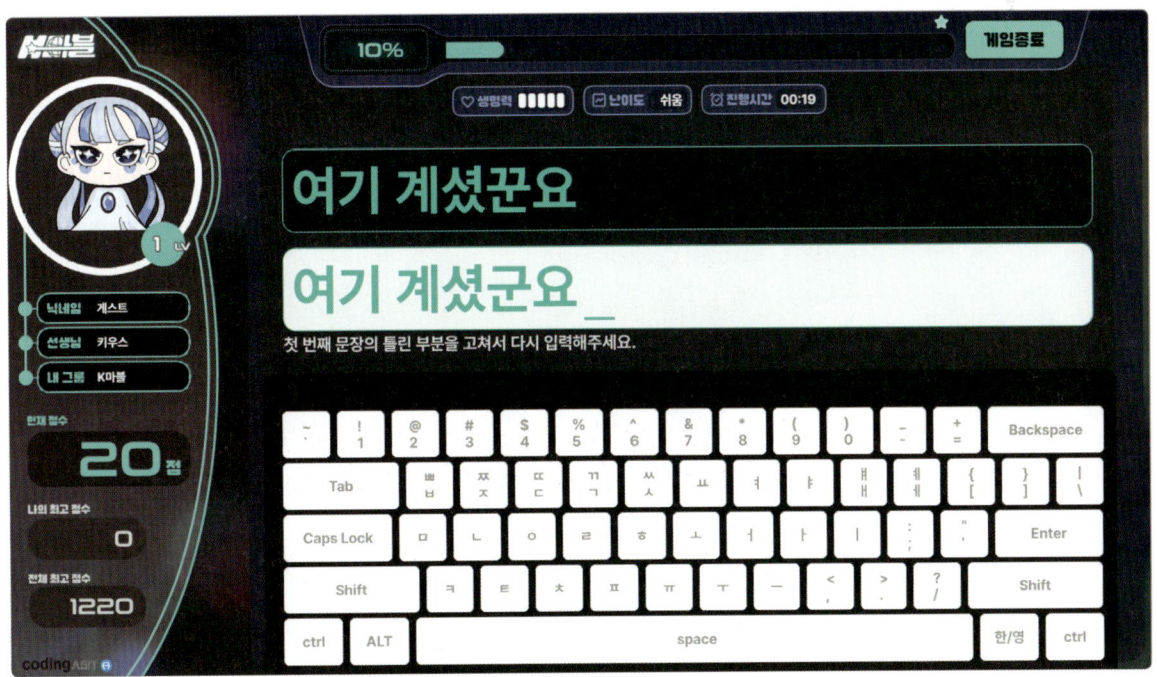

▲ 틀린 문장 고치기

CHAPTER 21 K타자왕을 꿈꾸며 10분 스트레칭

10분 K마블 타자연습으로 잠자는 손가락을 깨워요^^

■ [키보드 짧은 글 연습]-[컴퓨터 코딩 등 IT] 연습으로 K타자왕에 도전해 보아요.

▲ [한글 키보드 짧은 글 연습]-[컴퓨터, 코딩 등 IT]

오늘 나의 타수는?	오늘 나의 정확도는?	오늘 나의 현재 점수는?
타	%	점

■ 오늘 연습한 단계에 'O', '△', 'X' 표로 성취도를 표시해 보아요.

타자 게임	1단계	2단계	3단계	4단계	5단계	6단계
자리 연습	기본 자리	윗 자리	아랫 자리	시프트 자리	전체 자리	
단어 연습	기본 자리	윗 자리	아랫 자리	시프트 자리	전체 자리	컴퓨터 단어
짧은 글 연습	컴퓨터 코딩	사회, 생활	과학, 탐구	한국사~	속담~	
K마블 본부 수호작전	쉬움	보통	어려움	랭킹		
단어 연상 게임	쉬움	보통	어려움	랭킹		

O : 잘함   □ : 보통   △ : 다음에 열심히

레벨평가로 'K타자왕'에 도전해요.

- 지금까지 배운 실력으로 제1회~제3회 레벨 평가에 도전해요.
- 레벨 평가는 'K타자왕'과 '컴타 자격증'으로 가는 지름길이에요.

■ 불러올 파일 : 없음 ■ 완성된 파일 : 없음

01 제1회를 레벨평가를 진행해요.

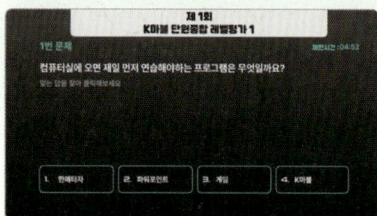
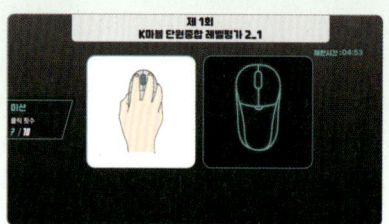
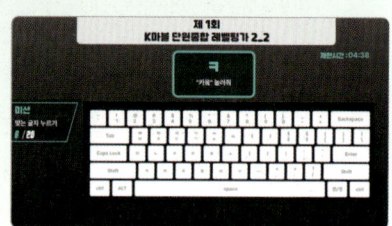

제1회 레벨평가 정확도는?

%

제1회 레벨평가 등급은?

등급

02 제2회를 레벨평가를 진행해요.

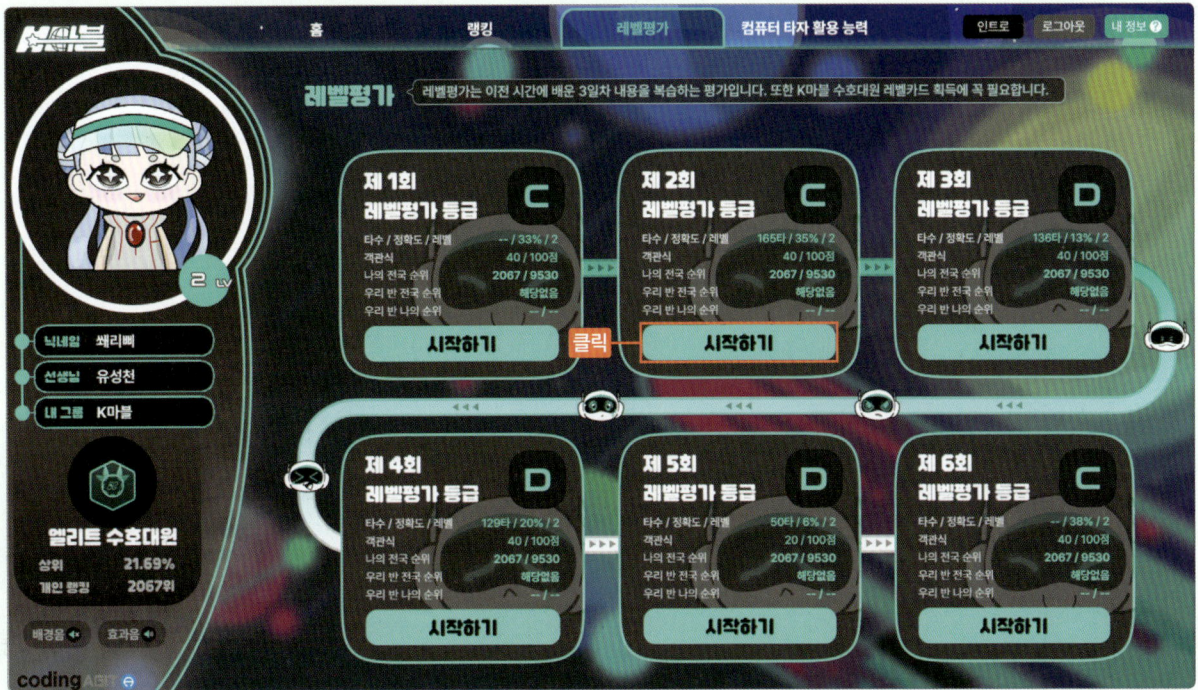

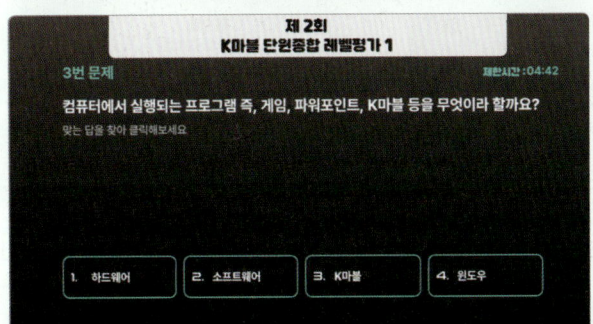

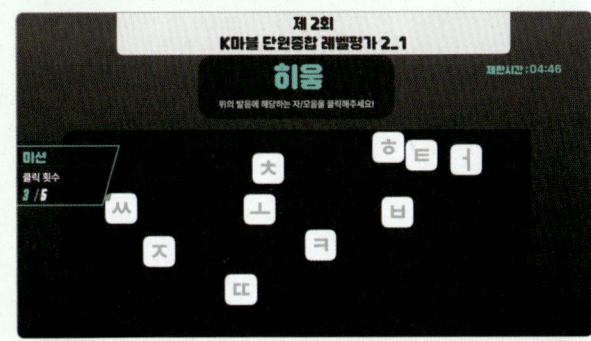

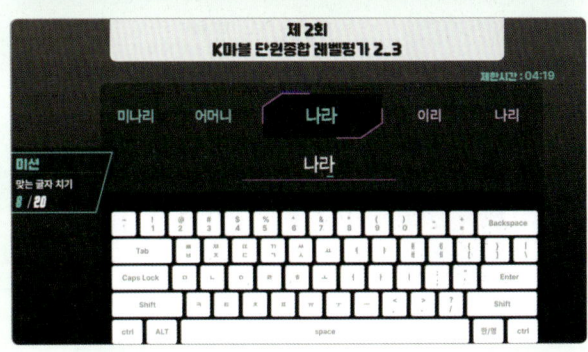

제2회 레벨평가 타수는? 타

제2회 레벨평가 정확도는? %

제2회 레벨평가 등급은? 등급

03 제3회를 레벨평가를 진행해요.

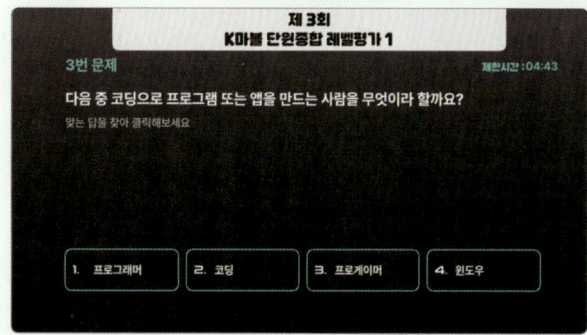
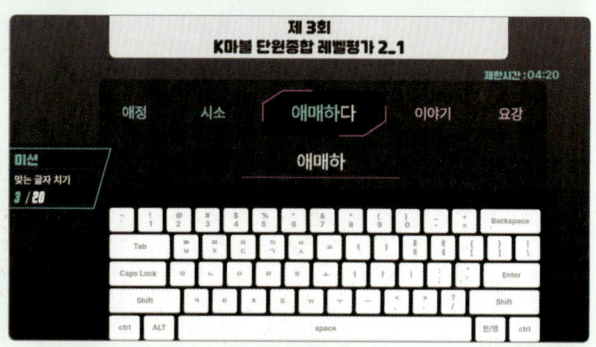
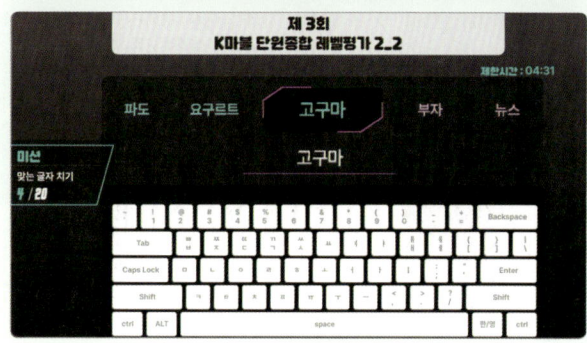
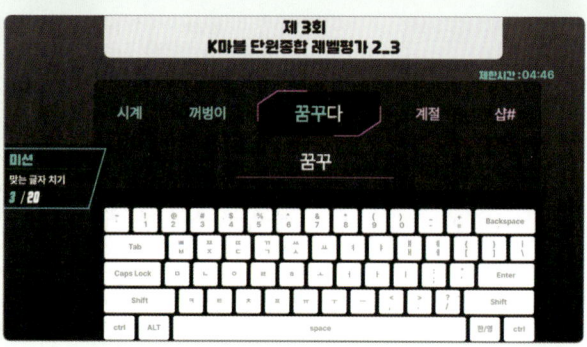

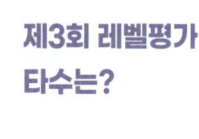
제3회 레벨평가 타수는?
타

제3회 레벨평가 정확도는?
%

제3회 레벨평가 등급은?
등급

CHAPTER 22 K타자왕을 꿈꾸며 10분 스트레칭

10분 K마블 타자연습으로 잠자는 손가락을 깨워요^^

■ '긴 글' 연습으로 K타자왕에 도전해 보아요.

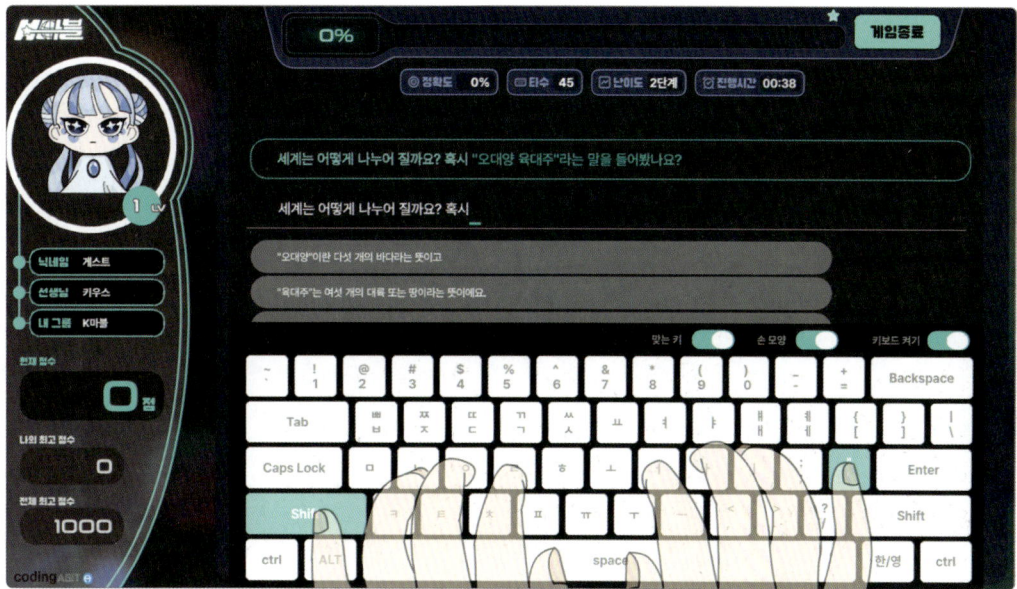

▲ [키보드 학습 게임]-[한글 키보드 긴 글 연습]

오늘 나의 타수는?
타

오늘 나의 정확도는?
%

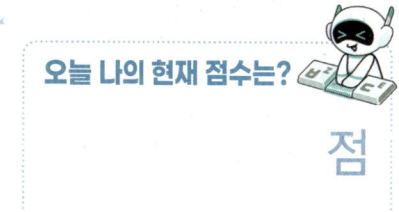
오늘 나의 현재 점수는?
점

■ 오늘 연습한 단계에 'O', '△', '×' 표로 성취도를 표시해 보아요.

타자 게임	1단계	2단계	3단계	4단계	5단계	6단계
자리 연습	기본 자리	윗 자리	아랫 자리	시프트 자리	전체 자리	
단어 연습	기본 자리	윗 자리	아랫 자리	시프트 자리	전체 자리	컴퓨터 단어
짧은 글 연습	컴퓨터 코딩	사회, 생활	과학, 탐구	한국사~	속담~	
긴 글 연습	컴퓨터 코딩	사회, 생활	과학, 탐구	한국사, 세계사	속담, 사자성어	
단어 연상 게임	쉬움	보통	어려움	랭킹		

O : 잘함 □ : 보통 △ : 다음에 열심히

레벨평가로 'K타자왕'에 도전해요.

이런 걸 배워요!
- 지금까지 배운 실력으로 제4회~제6회 레벨 평가에 도전해요.
- 레벨 평가는 'K타자왕'과 '컴타 자격증'으로 가는 지름길이에요.

■ 불러올 파일 : 없음   ■ 완성된 파일 : 없음

01 제4회를 레벨평가를 진행해요.

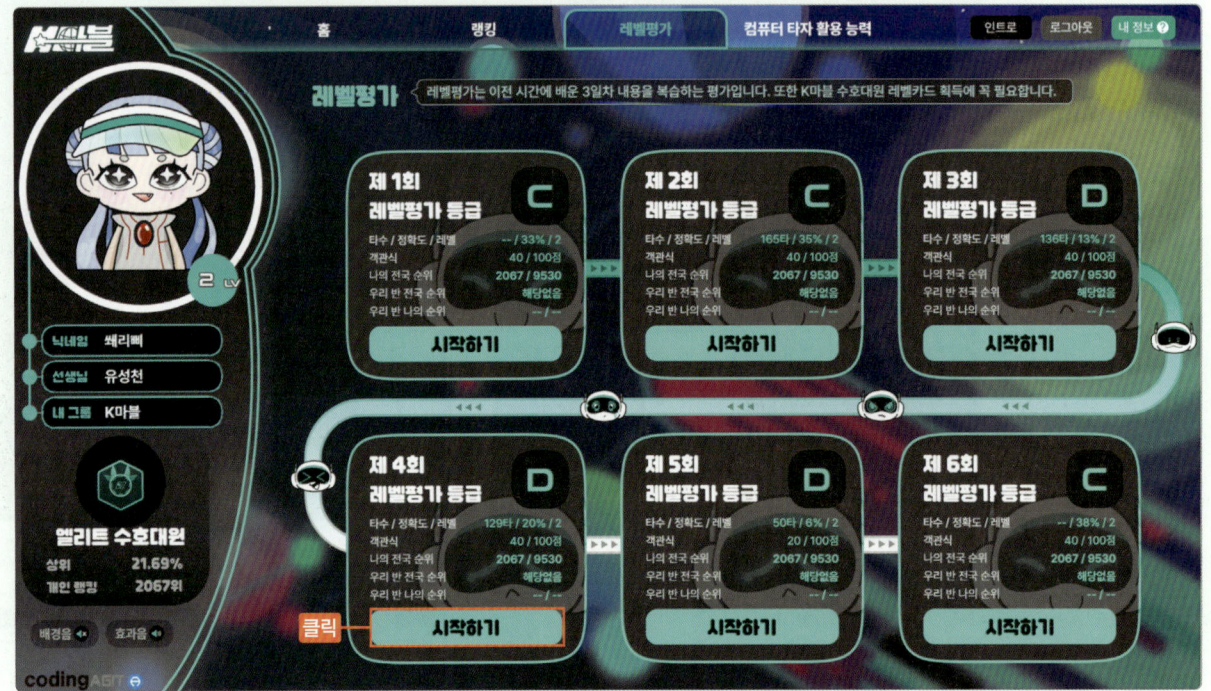

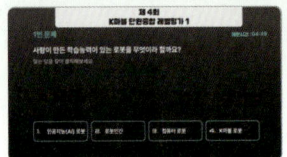
제4회 레벨평가 타수는?
타

제4회 레벨평가 정확도는?
%

제4회 레벨평가 등급은?
등급

02 제5회를 레벨평가를 진행해요.

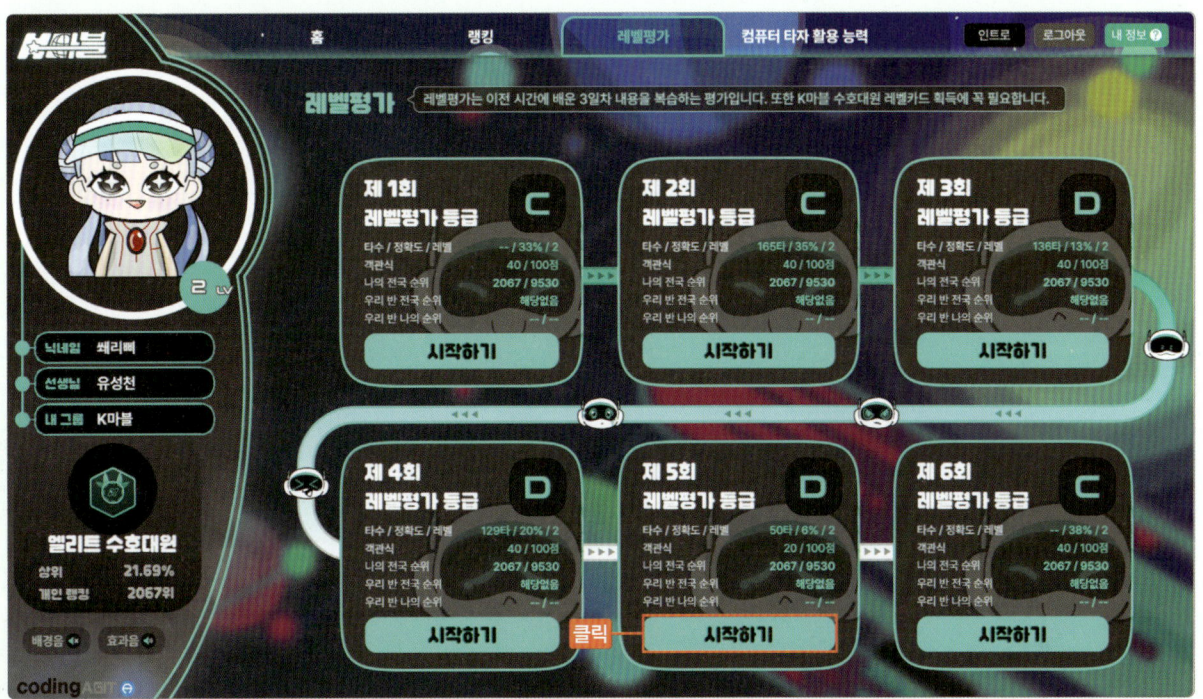

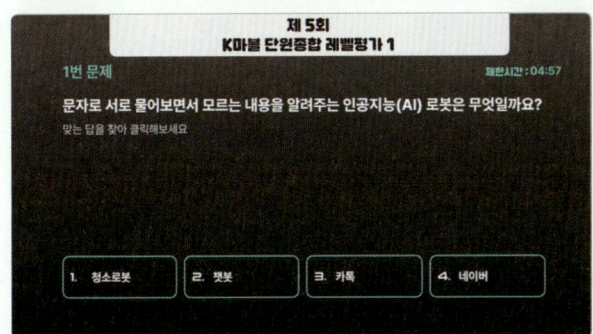

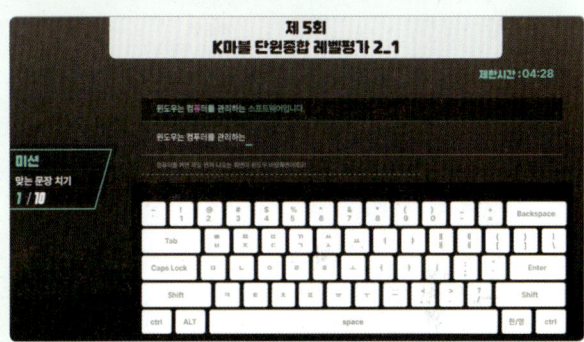

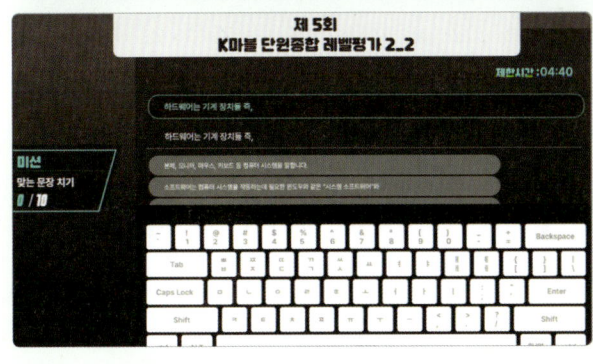

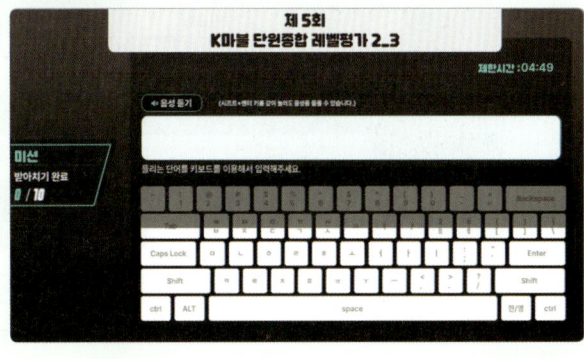

제5회 레벨평가 타수는?

타

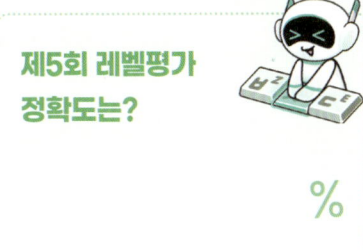

제5회 레벨평가 정확도는?

%

제5회 레벨평가 등급은?

등급

03 제6회를 레벨평가를 진행해요.

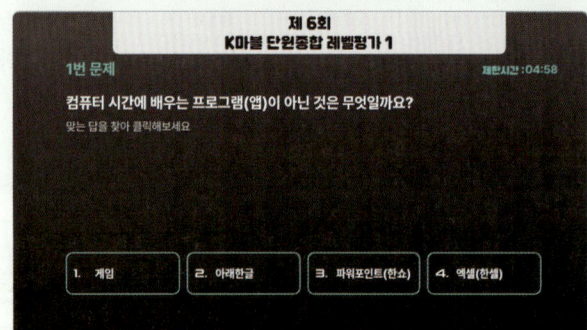

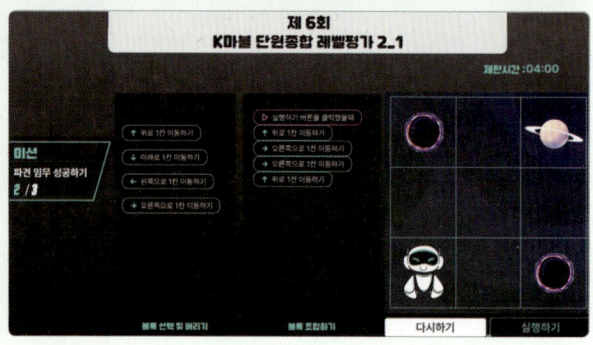

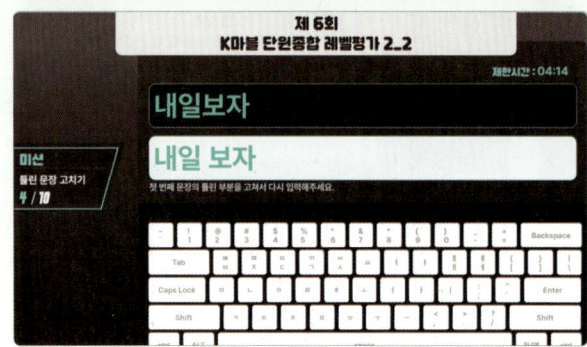

제6회 레벨평가 타수는? 타

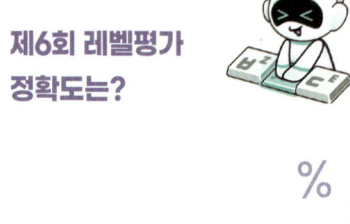

제6회 레벨평가 정확도는? %

제6회 레벨평가 등급은? 등급

MEMO

CHAPTER 23 모의고사로 'K타자왕'과 '컴타 자격증'에 도전해요.

- 일반 모의고사로 'K타자왕'과 '컴타 자격증'에 도전해요.
- 일반 모의고사는 K타자왕과 컴타 자격증 대비를 위한 연습 시험이에요.

■ 불러올 파일 : 없음   ■ 완성된 파일 : 없음

01 컴퓨터 타자 활용 능력 모의고사

❶ [컴퓨터 타자 활용 능력]을 클릭하여 '국제자격진흥원' 홈페이지로 이동해요.

일반 모의고사는 회원가입 없이 누구나 가능해요!

❷ [모의고사] 메뉴를 클릭한 후, '일반 모의고사(한글)'을 클릭해요.

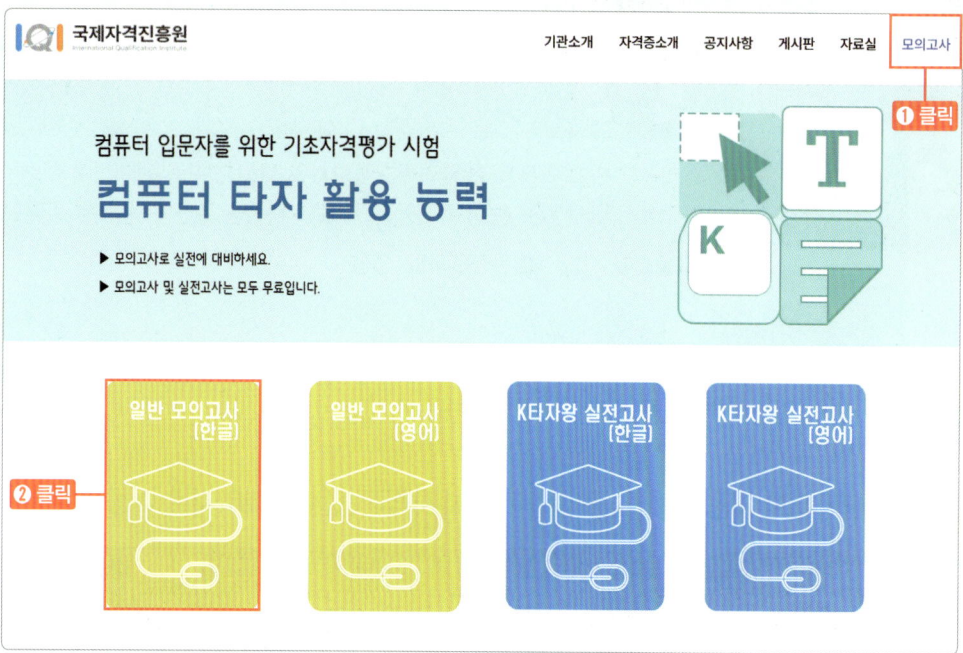

❸ 아래와 같이 '일반 모의고사(한글)'를 진행해요.

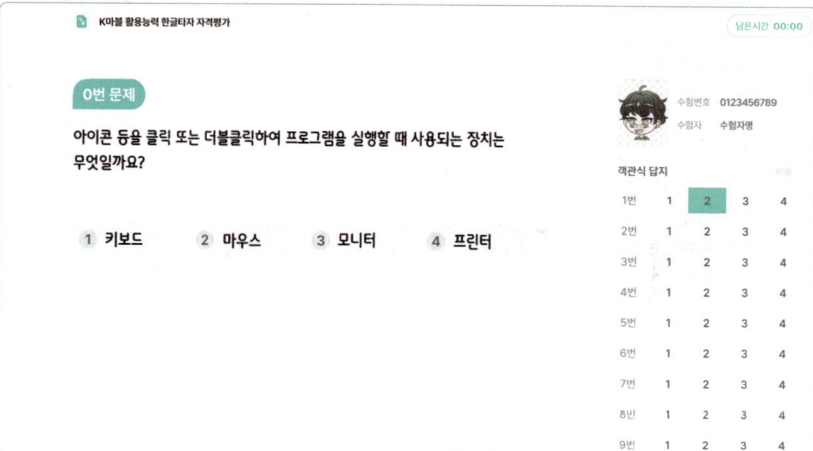

CHAPTER 24 종합 평가 (선택 학습)

이런걸 배워요!
- 컴퓨터 타자 활용 능력 자격증과 K타자왕 실전고사 중 선택하여 시험을 진행해요.
- 컴퓨터 타자 활용 능력 자격증은 '유료', K타자왕 실전고사는 '무료'에요.

■ 불러올 파일 : 없음   ■ 완성된 파일 : 없음

01 선택1 : K타자왕 실전고사 (무료)

❶ [컴퓨터 타자 활용 능력]을 클릭하여 '국제자격진흥원' 홈페이지로 이동해요.

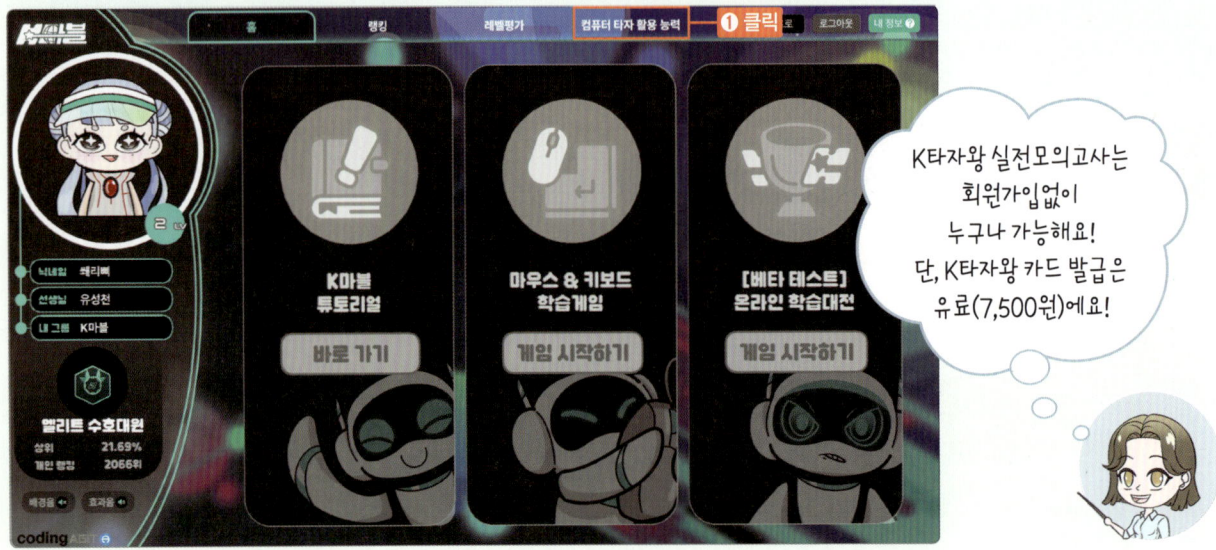

K타자왕 실전모의고사는
회원가입없이
누구나 가능해요!
단, K타자왕 카드 발급은
유료(7,500원)에요!

136 꼬물이 · 컴놀이윈도우11

❷ [모의고사] 메뉴를 클릭한 후, 'K타자왕 실전고사(한글)'을 클릭해요.

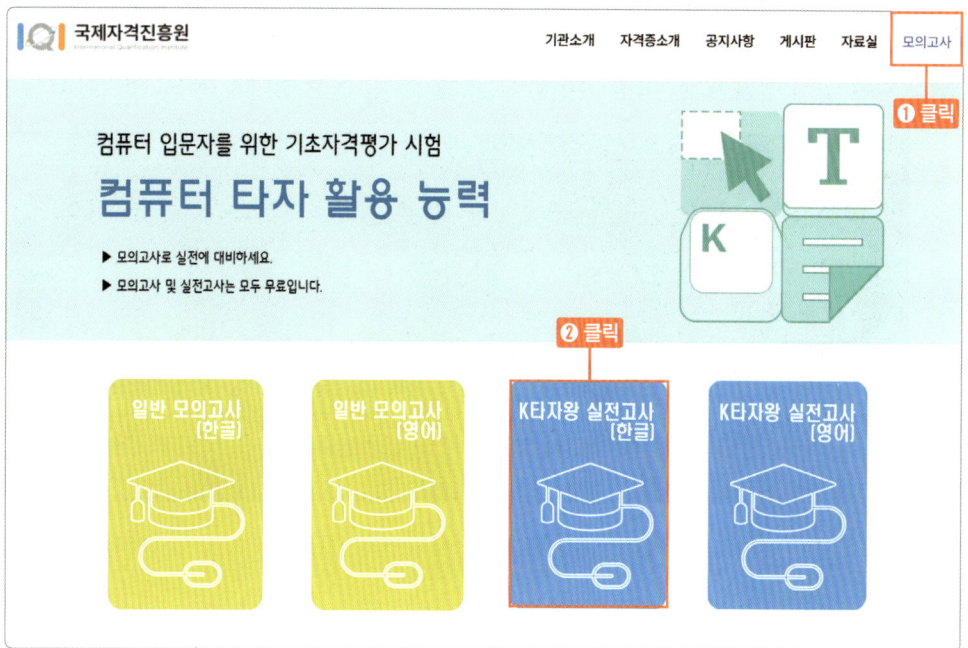

❸ 아래와 같이 'K타자왕 실전고사(한글)'를 진행해요.

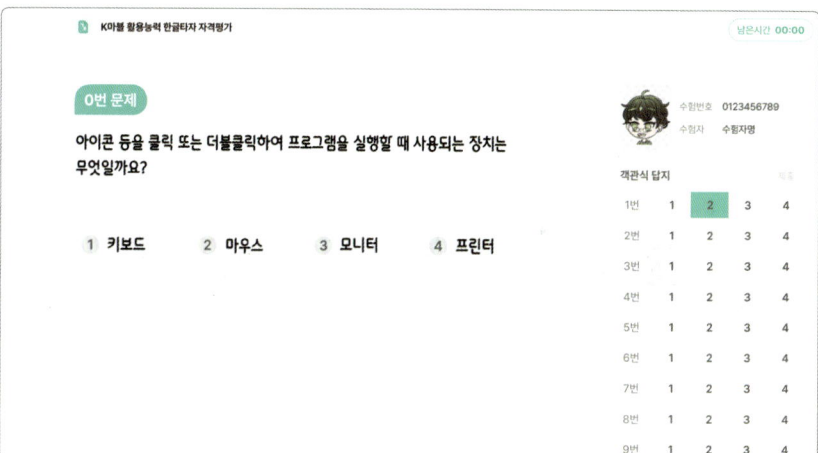

02 선택 2 : 컴퓨터 타자 활용 능력 자격 평가 (유료)

❶ [컴퓨터 타자 활용 능력]을 클릭하여 '국제자격진흥원' 홈페이지로 이동해요.

2025년 하반기 첫 시험이
시작됩니다.

※ 자세한 내용은 다음 페이지를 참고하세요.

· MEMO ·

컴퓨터 타자 활용 능력 자격 평가 안내

민간자격등록 : 컴퓨터타자활용능력_한글(K마블 한글타자 2024-001827) / 컴퓨터타자활용능력_영어(K마블 영문타자 2024-002318)

1 자격증 개요

▶ 개요
'컴퓨터 타자 활용 능력(컴타 자격증)'은 컴퓨터 초급자를 위한 기초 자격시험으로 간단한 컴퓨터 상식과 타자 능력을 평가하는 자격 시험입니다.

▶ 주관사 : 국제자격진흥원(IQI)

2 자격증 특징

▶ 누구나 쉽게 온라인으로 진행
- 원서접수와 자격시험을 모두 온라인으로 진행합니다.
- 교육기관은 교육 현장에서 교육 후 선생님 감독하에 바로 시험을 볼 수 있습니다.
- 개인 응시는 현재 불가합니다.

▶ **타자 능력을 평가하는 컴퓨터 기초 시험입니다.**
- OA 과정 또는 ITQ 및 DIAT 등 컴퓨터 전문 자격증을 취득하기 이전에 꼭 필요한 타자 자격시험입니다.
- 컴퓨터를 처음 접하는 초급자들에게 컴퓨터 기초 지식과 타자 및 마우스 사용 능력을 평가하는 시험입니다.

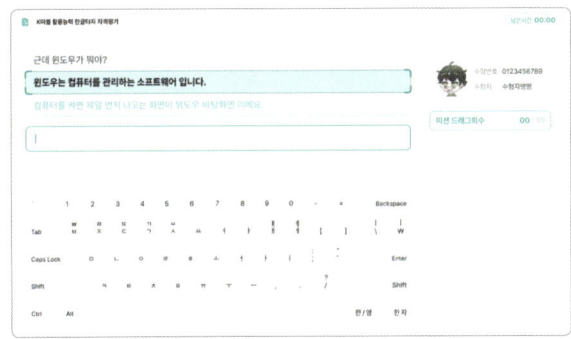

▶ **학습과 시험이 간단 명료하며, 교재를 참고하세요.**
- 꼬물이 시리즈의 '컴놀이윈도우11', '한글 타자 첫 걸음' 교재 내용에서 출제하는 간단한 시험입니다.
- K마블 일반 모의고사와 K타자왕 실전 모의고사를 참고하세요.

▶ **모든 시험이 CBT 방식으로 컴퓨터에서 모두 시행됩니다.**
- 필기, 실기 구분 없이 모든 문제를 컴퓨터에서 진행합니다.

3 시험 과목 및 등급 기준

필기, 실기 구분 없이 동시에 진행됩니다.

구분	과목	시험 S/W	문항수	내용	시간(분)	배점(점)
필기	컴퓨터 기초 상식	K마블	10	객관식 10문항(각 10점)	5	100
실기	마우스 사용 능력	K마블	4	클릭(20점)	10	100
				더블클릭(20점)		
				드래그(30점)		
				지구를 지켜라(30점)		
	키보드(타자) 사용 능력	K마블	5	단어(100점)	15	800
				짧은 글(200점)		
				긴글(300점)		
				본부 수호 작전(200점)		
합계			14		30분	1,000

▲ 시험 과목

• 컴퓨터 타자 활용 능력 자격 평가 안내 •

등급	평가 기준	점수
마스터	201타 이상, 정확도 100% 이상으로 강사 역할의 수준	1,000점
A 등급	151타~200타, 정확도 95% 이상의 한글(영어) 타이핑 수준	900점 이상 / 1,000점
B 등급	121타~150타, 정확도 90% 이상의 한글(영어) 타이핑 수준	800점 이상 / 1,000점
C 등급	81타~120타, 정확도 85% 이상의 한글(영어) 타이핑 수준	700점 이상 / 1,000점
D 등급	51타~80타, 정확도 80% 이상의 한글(영어) 타이핑 수준	600점 이상 / 1,000점
비기너	50타 이하, 정확도 80% 이하의 한글(영어) 타이핑 수준	599점 이하

▲ 등급 기준

4 출제기준 및 채점기준

▶ **필기 10문항(총점 100점)**

출제 항목	참고자료	시간	점수	채점
입력장치(키보드, 마우스)	레벨 테스트, 모의고사 및 교재 참고	5분	개당 10점	10개 × 10점 = 100점
컴퓨터 기초 상식				
코딩, 인공지능 등 신기술				
OA 및 기타				

▶ **실기_1 마우스 사용 능력(총점 100점)**

항목	문항 수	시간	점수	채점
클릭	5회(각 10개)	10분	회당 4점	5개 × 4점 = 20점
더블클릭	5회(각 10개)		회당 4점	5개 × 4점 = 20점
드래그	5회(각 10개)		회당 6점	5개 × 6점 = 30점
지구를 지켜라	1회(30개)		개당 1점	30개 × 1점 = 30점

▶ **실기_2 키보드(타자) 사용 능력(총점 800점)**

항목	문항 수	시간	점수	채점
단어	10개	15분	개당 10점	10개 × 10점 = 100점
짧은 글	5개		개당 40점	5개 × 40점 = 200점
긴 글	1개		개당 300점	1개 × 300점 = 300점
본부 수호 작전	20개		개당 10점	20개 × 10점 = 200점

▶ **등급 지정 기준**
- 1차 : 득점한 점수의 등급, 2차 : 평균 타수(정확도) 등급, 1차와 2차 등급 비교해서 낮은 등급 기준으로 등급 지정
- 예) 점수 851점이면서 평균 타수가 100타인 경우 점수는 'B등급', 타수는 'C등급'이므로 최종 'C등급'

5 원서 접수 및 결제(쿠폰)_단체 접수 (선생님용)

▶ **원서접수**

① K마블 홈페이지(www.kmabl.co.kr)에서 [선생님 회원]으로 회원가입을 합니다.

※ 현재, 단체 접수 및 단체 시험만 가능하며, 개인 접수는 향후 시행될 예정입니다.

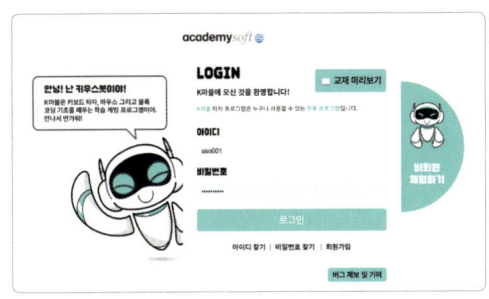

② 국제자격진흥원 홈페이지(www.iqilicense.com)에서 위 가입한 아이디와 패스워드로 로그인합니다.

※ 또는 K마블 상단 '컴퓨터 타자 활용 능력' 메뉴를 클릭하면 국제자격진흥원으로 이동합니다.

③ 국제자격진흥원 홈페이지에서 응시쿠폰 구매 후 [원서접수] 메뉴를 클릭해서 수검자 등록과 응시료 쿠폰(수수료)을 등록합니다.

※ 컴퓨터 타자 활용 능력 자격시험의 응시료는 국제자격진흥원 홈페이지(www.iqilicense.com)에서 쿠폰 구매로 대체합니다.
단, 1쿠폰은 1회 시험에 한정하여 사용됩니다.

6 응시 절차 및 합격자 발표

▶ **응시 자격**
제한 없음

▶ **응시 절차**
① 원서접수 : [K마블] - [K마블 자격평가] - [원서접수] - [단체(또는 개인)]
 - '단체' 선택 시 엑셀 파일로 등록('단체시험 등록.xls' 파일 다운로드 후 정보 입력)
 - '개인' 선택 시 필요한 내용 입력(현재 불가, 향후 예정)
② 시험 S/W : K마블 2.0 이상

※ 일반 모의고사와 K타자왕 실전고사를 통해 실제 시험과 동일한 진행 순서로 모의고사를 볼 수 있습니다.

▶ 응시 수수료
   ① 15,000원
   ② 원서접수는 현금 및 카드 등의 직접 결제 방식이 아닌 응시 쿠폰을 구매 후 원서 접수시 쿠폰 번호를 등록하여 접수하는 방식입니다.
   ③ 응시 쿠폰 구매는 국제자격진흥원 홈페이지(www.iqilicense.com)에서 구매가 가능하며 선생님(감독관)만 구매할 수 있습니다.
   ④ 응시 쿠폰은 1회만 사용 가능합니다.

▶ 합격자 발표
   시험 종료 후 즉시 또는 감독관(선생님)에게만 합격자 결과 전송(확인)

▶ 자격증 및 인증서 신청
   ① 국제자격진흥원에서 발급
   ② **수수료** : 1인당 7,500원(제작비 + 배송료, 배송기간 14일 내외)
   ③ 단체 신청 시 교육기관 선생님께서 직접 신청

7 시험일시 / 시험장소 / 감독관

▶ 시험일시
   - 정시, 상시 구분 없이 선생님이 원하시는 날짜와 시간에 시험을 볼 수 있습니다.
   - 단, 해당일, 해당 시간에 응시 인원 초과시 다른 일자와 시간을 선택해야 합니다.

▶ 시험장소
   - 별도의 시험 장소에 구애받지 않고 선생님께서 지정한 곳에서 시험을 볼 수 있습니다.
   - 현재 수업 중인 장소에서 일반적으로 마지막 차시인 24차시에 진행합니다.

▶ 감독관
   - 감독관은 원서접수시 선택합니다.
   - 별도의 감독관 선택시 국제자격진흥원에서 파견합니다.
   - 일반적으로 감독관 선택 없이 선생님께서 직접 감독 및 시험을 진행합니다.

▶ 감독관 유의사항
   - 시험 중 시험장의 시스템적인 오류 발생 시 책임을 지지 않습니다.
   - 단, 시험 프로그램 오류 등으로 인한 문제 발생 시 무료 재시험이 가능합니다.
   - 감독관은 원서접수 수검자와 시험장에 입실한 응시자를 확인합니다.
   - 감독관(선생님)은 줌 카메라를 세팅해 주셔야 시험이 허가 됩니다.(향후 진행)
   - 감독관(선생님)은 시험이 종료된 후 '시험 진행 확인서'를 국제자격진흥원 [자격증 서버]에 전송합니다.

   또한 카메라에 저장된 시험 과정을 국제자격진흥원 [자격증 서버]에 전송해야 최종 합격 및 자격증 발급(합격 확인서)이 가능합니다.(향후 진행)

▶ 수검자 유의사항

- 수검자는 수검표와 신분증(학생증, 주민등록 등본 등)을 지참하여 시험장에 입실할 수 있습니다
- 컴퓨터 고장 등 문제 발견 시 즉시 감독관에게 손을 들어 의사 표현을 합니다.
- 한 문제당 시간은 정해져 있으며, 시간 초과 시 자동으로 다음 문제로 이동합니다.
- 시간 내에 문제 해결이 되지 않는 경우 해결된 문제까지만 채점합니다.
- 시험 중 부정행위가 발견 시 불합격 처리됩니다.

8 첫 시험 일정

▶ 시험 일정
- 2025년 하반기(12월경)에 첫 시험을 실시합니다.(국제자격진흥원 홈페이지 참고)
- 시간과 장소에 상관없이 원서접수부터 자격시험까지 쉽고, 간단하게 진행할 수 있습니다.

채점프로그램 MAG 소개

자격증의 새로운 변화!!

MAG 채점 프로그램

❶ 개인용 채점프로그램_MAG PER

▶ 개인을 위한 **채점프로그램**으로 각 자격증별 **시험 결과** 즉시 확인

▶ **오피스(한컴·MS)** 설치 없이 **즉시 채점** 가능!

▶ **인공지능**으로 채점율 UP

▲ 과목 선택

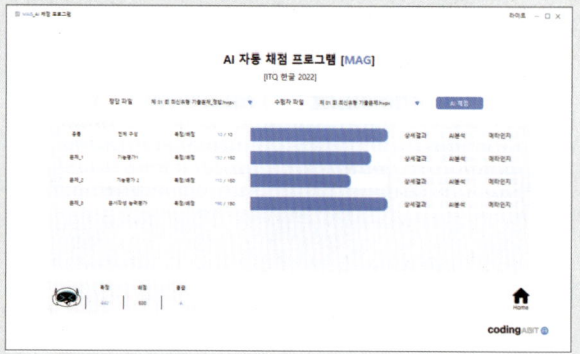
▲ 채점 결과

❷ 교육기관용 채점프로그램_MAG NET

▶ 선생님을 위한 또 다른 서비스를 제공합니다.

▶ 선생님을 위한 **온라인 채점프로그램**으로 접속한 수검자의 **시험 결과**를 실시간 확인

▶ 시험종료 후 **성적통계**로 문제별 부족한 부분과 단점을 완벽히 보완

▶ **인공지능**으로 채점율 UP

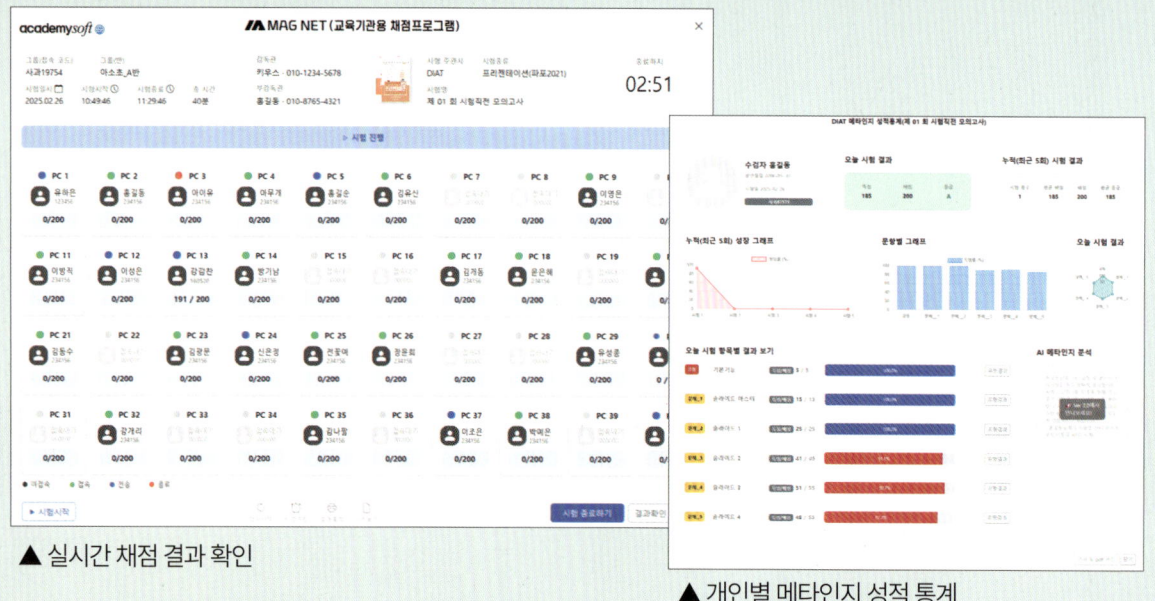
▲ 실시간 채점 결과 확인

▲ 개인별 메타인지 성적 통계

답안 전송 프로그램 소개

2025년 아카데미소프트의 새로운 답안 전송 프로그램
NEW 답안 전송 프로그램

▶ ITQ, DIAT 시험에 최적화된 **답안 전송 프로그램**
▶ 남은 작업 시간을 확인할 수 있는 **타이머** 기능 추가!
▶ 답안 전송 프로그램을 실행하면 시험 환경에 맞는 **자동 폴더 생성**
▶ **실제 시험장**과 유사한 작업 환경!
▶ 지속적인 **업데이트**로 프로그램 오류 최소화!

답안 전송 프로그램! UI 확인하기

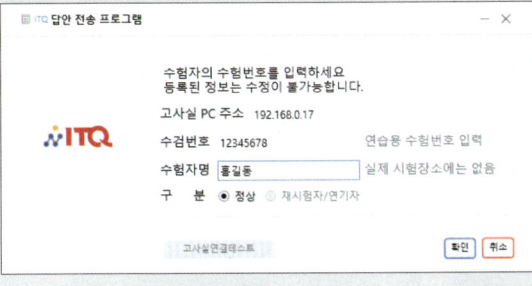
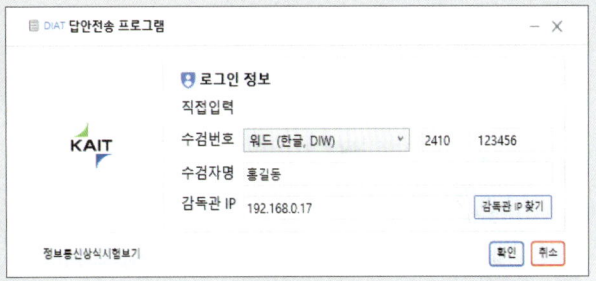

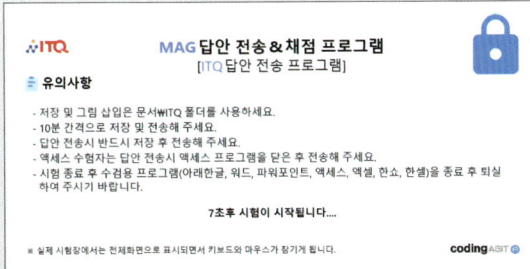
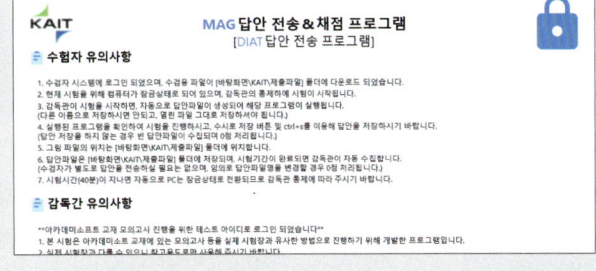

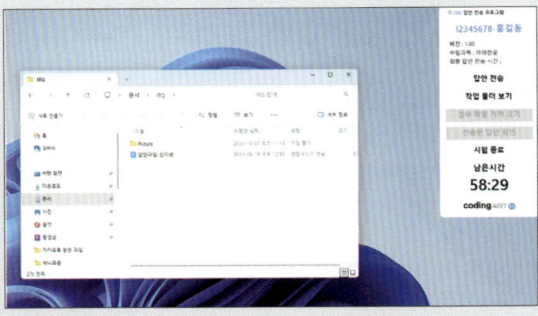

▲ ITQ 답안 전송 프로그램   ▲ DIAT 답안 전송 프로그램

K마블 소개

아카데미소프트와 코딩아지트의 컴교실 **타자 프로그램**

 **V2.0 업그레이드**

 [K마블이란?]

 [K마블 인트로]

업그레이드 된 K마블 V2.0을 만나보세요!

▶ 키우스봇과 함께하는 **무료 타자프로그램!**
▶ **영문 버전** 오픈
▶ 온라인 대전 **2 VS 2** 모드 출시
▶ 나만의 **커스텀 캐릭터** 기능 오픈

100% 무료 타자프로그램

K마블 V 2.0으로 한글·영문 타자연습 모두 가능해요!!

전체 메뉴

K마블 튜토리얼

커스텀 프로필

레벨 평가

영어 단어 연상게임

온라인 대전

▶ **커스텀 프로필**
자신의 캐릭터를 꾸밀 수 있는 기능이 추가되었습니다. 캐릭터의 머리, 얼굴, 옷, 장신구를 변경하여 자신만의 개성있는 캐릭터를 만들어 봅니다.

▶ **레벨평가 시안성**
레벨평가 화면이 이전 화면 보다 보기 좋게 변경되었습니다. 배운 내용을 복습하여 높은 점수에 도전해 봅니다.

▶ **영어 단어 연상 게임**
단어 연상 게임은 제시된 그림을 보고 연상되는 단어를 알아 맞히는 게임입니다. 두 글자 부터 네 글자까지 다양한 단어를 학습해 봅니다.

▶ **온라인 대전 게임 - 영토 사수 작전**
친구들과 1 VS 1 또는 2 VS 2 온라인 대전 게임으로 오타 없이 빨리 타자를 입력하여 영토를 지배하는 게임입니다. 비슷한 타수의 친구와 대결하면 재미있는 승부를 볼 수 있습니다.

 ※ K마블 영어 버전의 원어민 음성 모드도 곧 지원됩니다.